KiWi PAPERBACK

1195

Das Buch

In Harald Schmidts neuem Kompendium des Daseins geht es wie immer ums Ganze: um Poetologie (Wie schreibt man Berlin-Romane mit Literaturpreisgarantie oder das ultimative Kinderbuch?), um zu Hause (»Heizung kaputt«) und unterwegs (»Im Stau«). Es geht um genetische Fehlentwicklungen in der deutschen Familie (»Daddy Weichei«) und Zentralereignisse in der Kita (»Lausbefall«).

Dann erweitern sich vor den Augen des staunenden Lesers die Themenfelder in konzentrischen Kreisen: Es folgen der Beruf und die Politik (Innen- und Außen-), die Wirtschaft (Betriebs- und Volks-), die Religion, die Bildung und der Fußball (»Matthäus war gestern für BILD nicht zu erreichen«). Dann die schöne neue Welt der Telekommunikation (»Affäre und SMS«). Vielfalt und Tiefe zeigt der Autor wie gewohnt in Ernährungsfragen (»Darauf erst mal ein schönes Tatar«) und beim Thema Gesundheit: »Spätestens seit dem Tod von Michael Jackson muss die Rolle des Hausarztes einer breiten gesellschaftlichen Diskussion unterzogen werden.«

Der Autor

Harald Schmidt ist Late-Night-Gastgeber, bis Herbst 2011 bei der ARD, danach (wieder) bei Sat.1. Darüber hinaus arbeitet er als Regisseur und Schauspieler am Theater, u. a. am Württembergischen Staatstheater Stuttgart, wo er auch Ensemblemitglied ist.

Weitere Titel bei Kiepenheuer & Witsch

»Tränen im Aquarium«, KiWi 318, 1993. »Warum?«, KiWi 452, 1997. »Wohin?«, KiWi 557, 1999. »Quadrupelfuge«, KiWi 704, 2002. »Avenue Montaigne«, KiWi 817, 2004. »Mulatten in gelben Sesseln. Die Tagebücher 1945–52«, KiWi 913, 2005. »Sex ist dem Jakobsweg sein Genitiv«, KiWi 1019, 2007. »Ich hatte 3000 Frauen. Deutschlands größter TV-Star packt aus«, KiWi 1101, 2009.

Harald Schmidt

Fleischlos schwanger mit Pilates

Erfolgreiche Frauen sagen, wie es geht

zusammengestellt von
Ulrike von den Laien

Die FOCUS-Kolumnen

Kiepenheuer & Witsch

MIX
Papier aus verantwortungsvollen Quellen
FSC® C083411

Verlag Kiepenheuer & Witsch, FSC® N001512

1. Auflage 2011

Umschlaggestaltung: Barbara Thoben, Köln
Umschlagmotiv: © Dominik Asbach/laif
Gesetzt aus der Stempel Garamond und der Helvetica
Satz: Buch-Werkstatt GmbH, Bad Aibling
Druck und Bindung: CPI – Clausen & Bosse, Leck
ISBN 978-3-462-04293-1

Inhalt

TEIL I

Der Berlin-Roman
Eine Anleitung

Mein erster Roman ist fertig. Der Verleger weiß es noch nicht, ich möchte ihn damit überraschen.

Fertig nicht in dem Sinn, dass schon eine Zeile geschrieben wäre. Fertig im Sinn von Mozart oder Beethoven. Im Kopf. Jetzt muss er nur noch abgeschrieben werden. Ehrlich gesagt, hätte ich es mir nicht so leicht vorgestellt. Nach allem, was man bisher so von Romanen kannte (die Gebrüder Mann, Dostojewski), ist dafür ja jede Menge Personal und Handlung nötig. Handwerk, wohin der Leser schaut.

Aber wir sind in Deutschland. Herbst 2010, und da hat der Durchschnittsroman ungefähr 107 Seiten, notfalls etwas größer gedruckt.

Ort der Handlung ist Berlin. Hallo? Anfängern empfehlen wir Mitte. Wer schon mal einen Besinnungsaufsatz oder einen Reisebericht für die Lokalzeitung abgegeben hat, kann sich auch nach Friedrichshain wagen. Köpenick erfordert fast schon ein Schreibseminar.

Hauptfigur sollte eine Frau sein. Mitte dreißig. Anna, Hanna oder Leah. Auch Sarah, Katharina oder Thea sind möglich. Ebenso wie Inga, Jule, Agnes, Judith oder Magda. Ihr Freund heißt Lars, Lutz, Laszlo oder Sven. Denkbar wäre auch Ulf, Moritz oder Alex. Ebenso wie Christoph, Philip, Phillip oder Filipp.

Die beiden leben in einer Zweieinhalbzimmerwohnung mit schrägen Fenstern unterm Dach. Ein regelmäßiger Streitpunkt ist, wie die nächste Wohnung aussehen könnte. Altbau in der Stadt oder doch was weiter draußen. Selbst ein Reihenhäuschen wäre vorstellbar, über das Klischee von Spießigkeit sind die Hauptfiguren ebenso hinweg wie die Leser.

Sarah hat zwei Abtreibungen hinter sich (mit 18, nach der Klassenfahrt, und mit 25, nach einem verheirateten Prof). Lars hat einen Sohn (Ben, 4) aus einer früheren Hauptbeziehung, der bei seiner Mutter in Leipzig lebt. Lars sieht Ben einmal im Monat, er verbringt dafür das Wochenende in Leipzig. Sarah hätte natürlich nichts dagegen, wenn Ben nach Berlin käme, aber derzeit ist es so für alle Beteiligten rein reisetechnisch am unkompliziertesten. In Sarah schwelt der leise Verdacht, dass Lars während der Besuche noch mit Bens Mutter schläft. Sie heißt Su, 29, und arbeitet als Tänzerin und Choreografin in einem freien Projekt.

Lars ist von Beruf Tischler und verdient ziemlich gut mit Spezialaufträgen für Messebauten. Dass er auch in der Berliner Wohnung alles mit viel Geschmack und Liebe fürs Detail entworfen und gebaut hat, versteht sich von selbst. Zweimal hatte er Beziehungen zu Männern, ist aber eindeutig hetero.

Sarah hat nach dem Abitur ein Jahr in Chile verbracht. Als Erzieherin in einem Kinderheim in Santiago. Sie hat Patagonien mit dem Motorrad bereist und die Atacamawüste zu Fuß. Mit dem Bus ist sie vier Wochen durch Argentinien gefahren. Die Beschreibungen dieser Reisen nehmen im Roman gut zwanzig Seiten ein. Dialoge sind so gut wie überflüssig, denn es werden überwiegend überwältigende Natureindrücke beschrieben. Kleiner Tipp: möglichst viele Pflanzen- und Vogelnamen erwähnen, schafft Authentizität.

Fester Bestandteil eines Romans – vor allem wenn er frauenaffin sein soll – sind zwei Elemente: ein Guru und der Besuch der Eltern in Berlin. Varianten sind möglich. Es kann auch der Besuch im Elternhaus in der Provinz erfolgen, dabei könnte Sarah dem Guru über den Weg laufen.

Ergiebiger ist es meiner Meinung nach, die Eltern nach Berlin kommen zu lassen. Sie sind Anfang sechzig und heißen Dirk und Doro. Kennengelernt haben sie sich während der katholischen Jugendarbeit in Ravensburg. Eine schwäbische Herkunft ist nahezu Pflicht. Aktuell böte sich natürlich der Großraum Stuttgart an. Hätte aber etwas krampfig Aktuelles und riecht zu sehr nach Aussage. Es gingen auch Orte wie Bamberg oder Heilbronn, Bad Kissingen oder Montabaur – aber Oberschwaben ist besser.

Für den durchschnittlichen Leser (m/w) ist sowieso alles südlich von Frankfurt Schwaben oder Bayern. Und Oberschwaben bietet landschaftlich erstklassige Möglichkeiten – Ravensburg, Memmingen, Ottobeuren, Bodensee, barocke Basiliken, Reliquienverehrung, bröckelnder Katholizismus, Skiurlaube in der nahen Schweiz.

Denn das Wichtigste am zeitgenössischen deutschen Roman: Er spielt nahezu ausschließlich im Milieu, aus dem die Autorin stammt. Maximal kommt noch ein weiteres Milieu hinzu. Bei sehr erfahrenen Autorinnen noch eins, aber dann geht's wieder zurück in die eigene Befindlichkeit.

Zusatzmilieus wären etwa ein Rentnerehepaar aus Hermannstadt (Rumänien, Vertriebenenthematik aus überraschender Perspektive), das mit im Haus in Berlin lebt.

Oder Mufti, ein libanesischer Jugendlicher in London, der in Kapital zwo eingeführt wird. Die Londoner Kapitel haben zunächst nichts mit den Berlinern zu tun. Sie unterscheiden sich in Stil und Ausdruck frappant, man merkt: Hier wurde recherchiert, hier hat sich jemand reingearbeitet, vielleicht sogar noch ein halbes Jahr dort gelebt (Praktikum? Goethe-Institut?). Je weiter die Handlung fortschreitet, desto mehr laufen die Wege von Mufti (London) und Sarah/Lars (Berlin) aufeinander zu. Bis es zur körperlichen Begegnung kommt, gern auch schicksalhaft.

Aber zurück zu Dirk und Doro, Sarahs Eltern aus Ravensburg. Die beiden sind seit ihrer Firmung zusammen und haben immer noch vier Mal pro Woche Sex. Dies lassen sie ihre Umwelt auch gerne spüren. Vor allem Sarah, die doch vom Küsschengeben und Schnäbeln und Tätscheln ihrer Eltern während des Einkaufs auf dem Markt leicht angenervt ist.

Denn am ersten Abend wird bei Elternbesuchen zu Hause gekocht. Tradition. Das übernimmt Dirk, der auch den Einkauf federführend getätigt hat. Die Beschreibung des Kochvorgangs kann sich gerne über fünf Seiten hinziehen.

Gemüse, Gewürze, Kräuter, Weine, Jahrgänge, Nachtische – alles lässt sich mit wenig Anstrengung recherchieren.

Bei der dritten Flasche Rotwein, durch die geöffneten Fenster dringt die laue (!!!) Berliner Nachtluft ins Zimmer, kommt es zum Streit zwischen Dirk und Lars. Streit ist vielleicht zu viel gesagt. Dirk verfällt in einen gereizten Monolog über Gott und die Welt. Das ist wörtlich zu nehmen, denn hier lässt sich alles unterbringen, was man als ökologisch interessierter Katholik im taumelnden Kapitalismus über die Jahre so alles zusammengelesen hat. Eine überragende Figur wie der Kirchenvater Augustinus trägt durchaus über zwei Seiten. Dirk ist Bauingenieur, und Doro hat noch kurz in Ulm bei Otl Aicher Grafik studiert, aber in ihrer Kirche waren sie immer aktiv. Kritisch und durchaus auch zu deutlichen Worten gegenüber Rom bereit, aber im Grunde ihrer Seelen tief im Glauben verwurzelt. Von Sarahs Abtreibungen wissen sie nichts. Schon gar nicht, dass die erste (die nach der Klassenfahrt nach Rom) vom katholischen Jugendpfarrer organisiert wurde.

Und damit kommen wir zum Guru. Es muss nicht gleich Bali oder ein Ayurveda-Ressort im Indischen Ozean sein. Warum sollen sich Werner, der Guru, und Sarah, die abgebrochene Pädagogin (irgendwas sehr, sehr Intensives mit »Behinderten«, so ihre berufliche Vorstellung in der Abi-Zeitschrift »Schwabylon«. Auf die Anführungszeichen bei »Behinderten« hat sie Wert gelegt), nicht zufällig im Hausflur treffen, als Guru Werner auf den Briefkästen nach einem Namen zu suchen schien?

Sarah ist noch in Gedanken. Sie hat den Vormittag über in der Agentur einer Freundin gearbeitet, die Besuchswochenenden für geschiedene oder getrennt lebende DAX-Vorstände organisiert. Oder zumindest für Führungskräfte. Aber Top-Kunde ist ein DAX-Vorstand, dessen Töchter einmal im Monat von Bonn an die Ostsee und zurückgebracht werden müssen. Außerdem hat Sarah aus Sentimentalität die Nacht in der Bettwäsche von Dirk und Doro verbracht, die am Nachmittag zuvor nach Ravensburg zurückgefahren sind. Sarah muss dann immer einmal in der Bettwäsche schlafen, bevor das Bett neu bezogen wird.

Wahrscheinlich erinnert sie das an die Geschichte aus ihrer Kindheit, wenn Oma Gretl von früher erzählte. Wie die ganze Familie sich samstags im selben Wasser wusch, im Zuber in der Waschküche, und Heinerle, der Bruder von Oma Gretl, durfte mit seinem Stumpf aus Russland zuerst in den Bottich (Hier folgt Nazizeit/Einfache-Leute-Sequenz, die noch ausgearbeitet werden muss. Stichworte Smolensk – rotes Fleisch – Krankenschwester/weiße Brüste – fremder Mann am Ende der Dorfstraße – nur noch 48 Kilo – nie geredet, nachts geschrien – Fronleichnamsprozession – flirrende Junihitze – Strick, Dachboden).

Und dann stand da plötzlich Werner an den Briefkästen. Er wirkte leicht siffig und roch geil. »Du siehst müde aus«, sagte er zu Sarah. Seine Zähne waren weiß und kräftig, und sie erinnerte sich, dass auch schon Politikerehen mit diesem Satz begonnen hatten. Hatte sie mal irgendwo gelesen.

»Wohnen die Goldhagens denn nicht mehr hier?«, fragte er, ohne sich allzu sehr für ihre Antwort zu interessieren. Er stand jetzt unmittelbar vor ihr, und sie sah die winzigen Schweißperlen auf den beiden Fibromen, die auf Höhe seiner Schilddrüse am Hals baumelten.

Die folgende Roman-Passage ist inhaltlich nicht zwingend, eignet sich aber perfekt für Vorabdrucke und erste Leseproben an Vertreter und den deutschen Buchhandel:

Bei jedem anderen Mann hätten sie die hässlichen Hautwarzen geekelt, die an ihren Spitzen aussahen, als hätten sie schwarze Mützchen auf. Selbst von Lars erwartete sie, dass er duschte, bevor sie miteinander schliefen. Manchmal ließ sie es zu, dass er sie einfach nahm, aber dann war sie noch tagelang wund gescheuert von den Sägemehlresten in seinen Schamhaaren. Bei Werner ergab sich alles wie von selbst. Er tat ihr weh, als er sie mit dem Rücken gegen die Steinstufen presste. Er war ruppig, als er ihr seinen Schwanz bis zum Schaft in den Mund rammte. Es schmerzte, als er ihren Kopf dabei an den Haaren ins Genick zog. Unwillkürlich musste sie an Annegret denken, ihre Freundin aus Ravensburger Schulzeiten.

Annegret konnte nachts nur noch sehr unsicher Auto fahren, weil sie sich beim Blasen die drahtigen Schamhaare eines deutschen Nachwuchsdramatikers ins rechte Auge gestochen hatte. Hinter dem Spiegelzelt, anlässlich einer Party während des Theatertreffens Ende der Neunziger.

Später, als sie Hand in Hand an der Topografie des Terrors vorbei Richtung Checkpoint Charlie schlenderten, fragte Werner Sarah, was sie von Margarete Mitscherlich halte. Ohne ihre Antwort abzuwarten, erzählte ihr Werner von einem Interview, das Alice

Schwarzer mit Margarete Mitscherlich geführt hatte. Darin sprach die Psychoanalytikerin von ihrer Erfahrung, dass die überwiegende Mehrheit der Frauen sich davor ekelte, den Samen zu schlucken.

Werner erzählte Sarah, dass dieses Interview seinem Leben eine andere Richtung gegeben habe. Er wünsche sich so sehr, dass Sarah ihn einmal in Kärnten besuche, auf dem Bergbauernhof, auf dem er aufgewachsen war, ohne Vater, mit Mutter, Tante und vier Schwestern. Und natürlich Tieren.

Dann schwieg Werner, und als er an einer Ampel flüchtig ihren Hals küsste, merkte Sarah, dass er weinte. Sie glühte, und zum ersten Mal spürte Sarah einen magischen Sog, der ihr fast den Atem nahm: Ja, sie wollte ein Kind.

Ich breche ab. Der Roman will mir nicht recht gelingen. Pennälerhaft. Schreibe ab jetzt lieber Notizen, Fragmente, Hingeworfenes. Vielleicht stellt sich hier Leichtigkeit ein, die ich so schmerzlich vermisse. Wer weiß …

Notizen

Notizen, neuere

Kurz mit P. über F. gesprochen. Er nennt S. einen Kleinbürger. Man will ihm nicht mal den Hildegard-von-Bingen-Preis geben.

Zum Vorigen

Habe vergessen, was ich schreiben wollte …

Rom

Wieder mal in Rom. Vatikan, Spanische Treppe, Forum Romanum … Wie abgründig erregend ist doch die Stadt, wenn man neugierig bleibt. Abseits der üblichen Pfade. Goethe war hier nicht unglücklich …

WDR 3

Der einfache Arbeiter, die Landfrau mit dem kräftigen, gebräunten Nacken sagen Nietsche, wenn sie von Nietzsche sprechen. Eleonore Büning im Klassik Forum sagt Nietz-sche. Mehrmals hintereinander. Nietz-sche. Nietz-sche. So erschließt sich manches in seinem Werk wie von selbst …

Nach einem Glas Malt

Zur Zeit von Admiral Nelson zogen sich die Soldaten vor der Schlacht saubere Wäsche an, um im Verwundungsfall Infektionen zu vermeiden. Melancholische Glücksempfindung angesichts dieser verloren gegangenen Verbindung aus Stil und Hygiene.

Später
Sinaida weint, als Corinna Harfouch in der Rolle von Magda Goebbels die Kinder vergiftet. Ich verstoße sie. Blöde, sentimentale Gans.

Im ICE
Ein Mann im Anorak nimmt sich Zeitungen aus der Halterung. Er beugt sich zu mir: »Ich fahr nur 2. Klasse. Aber ich stibitze mir immer die Zeitungen in der Ersten.« Empfinde tief die Glücksfähigkeit der einfachen Menschen anlässlich des Verbs »stibitze«. Tränen.

Zwei Dinge
Betrachte abwechselnd meinen Penis und den neuen Roman von Martin Mosebach. Auf beides habe ich mich den ganzen Tag gefreut.

Notizen schreiben ist irgendwie nicht so mein Ding, merke ich gerade. Wahrscheinlich, weil ich wenig aufschreibe, sondern es mir eher merke. Und dann vergesse, wenn ich's nicht mehr brauche. Was mir eher liegt, glaube ich, ist ein Kinderbuch. Kinderbuch ist natürlich nicht gleich Kinderbuch. Es gibt spannende, mit einer richtigen Geschichte. Und solche, die zum Beispiel von Schauspielern geschrieben werden, die glauben, sie könnten das …

Hans, der dumme Schauspieler, der ein Kinderbuch schreiben wollte

Eine Kindergeschichte für alle,
die von Kindern keine Ahnung haben
von Harald Schmidt

Es war einmal ein Schauspieler, der war so dumm, dass es nicht mal für den Vorabend reichte. Da er aber Hunger hatte und schon ab 11 Uhr vormittags Durst, musste er irgendwie Geld verdienen.

Eines Tages, wie er so in seiner Küche saß und grübelte, kam eine Frau herein. Sie hatte langes, goldenes Haar und trug einen kunstseidenen Morgenmantel, auf welchem Drachen Feuer spuckten.

Sie setzte sich zu Hans an den Tisch, und wie sie so plauderten und die zweite Schachtel Gauloises Blondes zu Ende ging, da merkte Hans, dass es Liese war, seine Frau.

Früher hatte Liese kranke Menschen gepflegt, die schwach und hilflos in ihren Betten lagen. Aber nach einiger Zeit war sie des Pflegens müde und fing an zu kellnern. Aber schon bald verlor sie den Spaß daran, Menschen Latte und Kürbissuppe mit Ingwer an die Tische zu bringen. So beschloss sie, Kinderkleider zu verkaufen. Aber es waren keine neuen Kleider. Es waren die Kleider, welche die Reichen nach einmal Anziehen ihren Kindern wieder wegnahmen und in einen Laden brachten, der »Gepetto« hieß. Der Laden gehörte Caro, einer ganz lieben Freundin von Liese. Morgens um 11.30 Uhr machten Caro und Liese den

Laden auf und häufig um 14.45 Uhr schon wieder zu, weil Leben für sie nicht nur aus Arbeit bestand. So kam es, dass das »Gepetto« bald überhaupt nicht mehr aufmachte. Caro schenkte einem Jungen das Leben, von dessen Vater sie nur den Vornamen kannte, und Liese half halbtags in einer Buchhandlung. Während sie so neben der Kasse stand und auf Kunden wartete, kritzelte sie mit einem dicken Filzer auf Notizpapier. Das ergab hübsche Bilder, die mal einem Baum, mal einem Fisch ähnelten. Einer Kundin gefielen die Blätter besonders gut. Ihr Mann war gerade samt Galerie und neuem Lebensgefährten nach Berlin gezogen, und so hatte Henrike (die Kundin) viel Zeit. Sie beschloss, aus Lieses Kritzeleien einen Kalender für den Adventsbasar zu machen. Der Kalender fand reißenden Absatz, sodass Liese häufig zu Kindergeburtstagen eingeladen wurde, wo sie Schnellporträts der kleinen Gäste zeichnete.

Auf einem dieser Geburtstage lernte sie Hans kennen, der dort als Clown und Zauberer um die Aufmerksamkeit der Kinder kämpfte. Seit diesem Tag sind Hans und Liese ein Paar, das sich beim Einschlafen an den Händen hält.

Intermezzo

Zum besseren Verständnis der weiteren Geschichte empfehlen wir folgende Musiken, sämtlich gehört von Hans und Liese im Klassik Forum auf WDR 3:

- *Mozart, Quintett Es-Dur, KV 452, gespielt u. a. von Alfred Brendel und Heinz Holliger*
- *Schostakowitsch, Bearbeitung von »Tea für Two«*
- *Schumann, Toccata Nr. 7, gespielt von Ivo Pogorelich*

- *Schubert, »Gesang der Geister über den Wassern«, Monteverdi Choir unter der Leitung von Eliot Gardiner*
- *Hugo Wolf, »Wer rief dich denn? Wer hat dich herbestellt?«, gesungen von Elisabeth Schwarzkopf*

Und so ergab es sich, dass eines Tages nach dem Aufwachen Liese zu ihrem Hans sprach: »Ei, Hans, höre! Du kannst nicht schreiben, und ich kann nicht malen. Lass uns ein Kinderbuch machen.«

Und beide setzten sich an den Küchentisch und fingen an, sich eine Geschichte für Kinder auszudenken.

Hätten die beiden einen Lektor, Verleger oder auch Marketingfachmann in ihrem Freundeskreis gehabt, hätten die ihnen sagen können, dass man Kinder bei Kinderbüchern besser nicht Kinder nennt. Es muss heißen: Menschen.

Für Menschen ab 5. Oder für Menschen ab 3. Denn es ist ja dann das Problem der Eltern oder der Oma, dass die Dreijährigen die Geschichte nicht kapieren.

Sie hätten ihnen auch sagen können, dass Geschichten zum Vorlesen geeignet sein müssen. Also maximal zweieinhalb Seiten lang. Weil Vati sonst auf der zweiten Seite wegpennt oder innerhalb der Geschichte abkürzt. Das führt ganz oft zu ganz schlimmem Geschrei. Denn natürlich kennen die kleinen Racker die Geschichten auswendig. Wörtlich. Und werden sehr böse, wenn ein Satz fehlt oder auch nur ein Wort verändert wird.

Arschlochpapa und Scheißemama kommt dann selbst aus Kindermäulchen, die gerade noch dem Wurzelzwerg Gutenachtküsschen gegeben haben.

Auch hätten gute Freunde aus der Buchbranche Hans und Liese bei einigen Flaschen chilenischem

Roten glaubhaft vermitteln können, dass Kinder nichts anderes interessiert als Geschichten mit klaren Fronten: schwarz und weiß, gut und böse, jung und alt, lieb und gefährlich.

Die gute, alte Hexe, der böse Räuber, die einsame Prinzessin, das ängstliche Häschen und die neugierigen Kinder – unverwüstliche Klassiker, an denen nichts verbessert werden muss!

Aber – leider, leider – war das Hirn von Hans durch Alkohol, Drogen und viele Jahre Stadttheater nicht mehr frei von Dauernebel. Deshalb sollten seine Geschichten etwas mit der *Wirklichkeit* zu tun haben. Mit dem *Alltag von Kindern* ohne *Schönfärberei.*

Die erste Geschichte, die Hans vorschlug, hieß *Papa will nicht aufstehn.* Papa lebt mit seinem fünfjährigen Sohn alleine in einer großen Stadt. Mama ist weg. Ob im Himmel oder in Marokko, wird nicht erzählt. Papa ist Anwalt. Dass sich Kinder unter Anwalt nichts vorstellen können, ist für Hans ohne Bedeutung. Er schreibt Anwalt, weil er gerade mit seinem Anwalt Stress hatte. Im Wesentlichen dreht sich die Geschichte darum, dass Papa Anwalt morgens nicht aufstehen will und der fünfjährige Jakob alleine das Frühstück zubereitet und sich für den Kindergarten fertig macht. Eines Tages hat Jakob keine Lust mehr, Papa immer zum Aufstehen zu bringen, und beschließt, selber in Papas Büro zu gehen. Dabei benutzt Hans die Begriffe *Talar, Blackberry, Dauerparker* und *Videokonferenz.*

Liese tut sich echt schwer, das in Bilder zu fassen. Zumal sie eher aus dem Bauch heraus zeichnet und sich in ihrer Fantasie nicht einengen lassen möchte. Hätte Liese wissen können, dass Kinder mit Strichmännchen in DIN-A4-Format, bei denen die Augen fast so groß sind wie der Kopf, eher wenig anfangen können?

Nach einem Arbeitstag des fünfjährigen Jakob in Papas Anwaltskanzlei lässt Hans die Geschichte als wunderschöne Vision von einer Kinderwelt ohne Leistungsdruck enden: Papa Anwalt hat in Jakobs Zimmer die Ritterburg aufgebaut und die Wände mit Wachsmalkreide verschönt.

Er hat alle Spaghetti gekocht, die er finden konnte, und 500 Pfannkuchen gebacken. Jakob hat in Papas Büro alles, was auf dem Schreibtisch lag, aus dem Fenster geworfen.

Da haben Papas Kollegen ganz doll in die Hände geklatscht und gerufen: »Bravo, Jakob, bravo!«

Am Ende, als Jakob und Papa so viel Badeschaum gemacht haben, dass er durch die ganze Wohnung quoll, hielten sie sich *die Bäuche vor Lachen* und beschlossen, das jetzt öfter zu tun.

Hans entwarf dann noch die Grundideen für eine deutsch-afrikanische Patchworkgeschichte (»Immer musse aufessen«) und für die Geschichte einer Hartz-IV-Familie, die einem krebskranken Millionärskind das schönste Weihnachtsfest seines (zu kurzen) Lebens bereitete (»Der Engel mit der Glatze«).

Schon nach wenigen Tagen litt er allerdings unter einer Schreibblockade, und eines Abends beim Thailänder kam er mit Liese überein, dass ein Hörbuch für beide das perfektere Medium sei. Liese müsste nur ein Cover zeichnen, und Hans mit seiner Wandlungsfähigkeit könnte alle Figuren zu Hause in der Küche einsprechen.

Es entstand eine nicht uninteressante Geschichte mit einem kleinen Gnom, der auf seinen fernen Heimatplaneten zurückwollte. Sein Freund auf der Erde wollte Zauberer werden, weil er etwas von einem geheimen Internat gelesen hatte. Im Haus nebenan lebte ein kleiner Junge mit roten Haaren, der in der Küche einen Esel und eine sprechende Katze hatte. Der Esel hieß *große Tante* und die sprechende Katze *Frau Hamsun.*

Das Hörbuch verkaufte sich dank eines großen Medienhauses, das eingestiegen war, gar nicht schlecht.

Bis Liese eines Tages den Empfang von drei Einschreiben bestätigen musste. Rechtsanwälte aus L. A., London und Stockholm hatten Ähnlichkeiten entdeckt. Der Hörbuchverlag ging in die Insolvenz, das Medienhaus forderte Schadensersatz, und Hans und Liese machen jetzt Comedy. Das Existenzminimum dürfen sie behalten.

TEIL II
DIE FOCUS-KOLUMNEN

Daddy Weichei und Supermama Dati

Ratgeber Heim, Familie und Alltag

Heizung kaputt

Am 4. Januar fiel bei uns daheim die Heizung aus. Ich meine damit in Köln. Denn bei vielen älteren Deutschen bedeutet »bei uns daheim« noch immer Schlesien oder Ostpreußen. Trotzdem besteht irgendwie ein Zusammenhang. Denn wer damals übers Haff kam, der hätte einen Heizungsausfall in einer Neubauwohnung 2009 vermutlich erst nach Wochen bemerkt. Da war man doch anderes gewohnt. So aber hieß es schon nach kurzer Zeit: »Hier is' irgendwie kalt.«

Mir war es nicht aufgefallen, denn ich saß im Daunenmantel vor dem Fernseher. Klingt komisch, is' aber so. Ich wollte nämlich zur Tankstelle gehen, hatte dann aber noch mal kurz nach den Quoten geguckt und mich dabei festgezappt. So saß ich im Mantel etwa eine Stunde vor dem Fernseher. Sofort nach der Kältemeldung schob ich die Hände zwischen die Rippen des Heizkörpers, um den Wärmegrad zu testen. Lauwarm. In meinem Hirn ratterte die Handlungskette Anrufen-Sonntag-Notdienst-warten-Pfusch. Das wollte ich mir ersparen. Deshalb sagte ich: »Ganz normal. Das wird über die Fühler außen reguliert.«

Das hatte ich mal irgendwo gehört. Dann fiel mir ein, dass Heizung und Warmwasser irgendwie zusammengehören. An der Spüle war es lauwarm. Irgendwo hatte ich mal gelesen, dass man länger laufen lassen muss, damit der Boiler sich aufheizt. Ich ließ also zehn Minuten laufen, ohne zu bemerken, dass wir keinen Boiler haben. Das Wasser wurde eher kälter.

Meine Familie trug mittlerweile dicke Pullover. God bless Thilo Sarrazin. Ich ging in den Keller und drückte auf verschiedenen Knöpfen rum, in deren Nähe es blinkte. Röchel. Gurgeln. Stille.

Eine halbe Stunde nach dem Anruf war unser Heizungsmonteur da. Nach fünf Minuten hatte er den Fehler gefunden, nach weiteren 15 Minuten war alles repariert. Neuer Ventilator. Es lebe die deutsche Installateurkunst, Gasprom soll sich warm anziehen!

Supermama Dati

Die Dati ist dem Mutterschutz sein Tod! Dieses fulminante Wortspiel muss erlaubt sein, wenn es um die französische Justizministerin Rachida Dati geht.

Fünf Tage nach der Geburt ihrer Tochter Zorah stöckelte sie schon wieder ins Ministerium. Dass sie stöckelte, darauf wurde in fast allen Artikeln explizit hingewiesen. Wenn es wenigstens flache Schuhe gewesen wären! Aber so sind sie, die französischen Überweiber. Dafür gibt es jetzt böse Schelte. Nicht so sehr von besorgten Müttern, sondern von Feministinnen.

Dass Dati zum Vati schweigt, wird ihr positiv vermerkt. Gerüchteweise soll es der Bruder von Sarkozy sein, der auf dem einzig uns bekannten Foto aussieht wie Robert De Niro während einer Sahnekur. Dass sie aber so schnell wieder arbeiten geht, erhöhe den Druck auf normale Frauen. Sagen Feministinnen und sind empört.

Um es mal als Hobbygynäkologe zu sagen: Madame Dati gebar per Kaiserschnitt, und das ist halb so wild. Natürlich regen sich viele Frauen über diese Bemerkung auf, aber ist doch wahr! Bei deutschen Frauen ist ebenfalls ein förmlicher Run auf den Kaiserschnitt festzustellen. Trotzdem bleiben viele anschließend bis zum dreißigsten Lebensjahr des Kindes zu Hause. Warum also sind Französinnen hier gerade im Darwin-Jahr 2009 so viel weiter? Vielleicht liegt's an den Stöckeln? Wer nach der Geburt Bequemtreter, Anorak und Fahrradhelm als die Basics der modernen Mutter wählt, pennt natürlich während des Stillens auf der Eckbank eher noch mal weg.

Andererseits hat Rachida Dati den Powerjob als Justizministerin. Milcheinschuss während eines Terrorangriffs? Dreimonatsblähungen bei Randale in den Vororten? Spritzstühle durch die Windel während einer Geiselnahme? Mon Dieu, diese Frau hat unseren Respekt verdient! Und wer der Vater ist, geht uns wirklich nichts an.

Solange Madame es weiß. Vive la France!

Mehr Kinder

»Sie haben doch Kinder?!« Mit diesem Satz wird einem häufig alles untergejubelt, was es auf der Ekelpalette zwischen minderwertigen Stofftieren über grauenvolle Süßigkeiten bis zu debilen Karnevalsorden gibt. Erstaunlich, dass man damit signalisiert: Einem Erwachsenen würde ich das nie anbieten, aber für Kinder reicht's ja wohl. Künftig muss der Schenkende seinen Dreck wohl behalten, denn Deutschland entwickelt sich rapide zum Kinderparadies. Schon wieder 5000 Kinder mehr als im Vorjahr! Liegt's an der Abwrackprämie? Am neuerlichen Wintereinbruch? Oder am neuen Spaß an der Zukunft ohne Schiesser und Märklin?

Entscheidend hat dazu unbestritten das Familienministerium von Ursula von der Leyen beigetragen. Vor allem in gereiften Akademikerkreisen könnte Befruchten bald reizvoller werden als das traditionelle Arbeitengehen. Zumal immer mehr Väter mit den traditionellen Rollenklischees brechen und lieber schon vormittags in der Krabbelgruppe Alleinerziehende anbaggern, anstatt sich einem mörderischen Businessdruck auszusetzen.

In jüngster Zeit wird im öffentlichen Raum eine Figur dominant, die das Zeug zur Ikone hat: Daddy Weichei, überwiegend Männer zwischen 35 und 45, die zum ersten Mal Vater wurden. Dabei ist nicht die Rede von den Angehörigen des Prekariats, Raspelbirne und ein Ring in jedem Ohr, die im Unterschichtenfernsehen (Paul Nolte) vor laufender Kamera ins adipöse Gewebe der Frau schluchzen, wenn diese in einer Lautstärke entbindet, die selbst mein RTL nicht wollen kann. Nein, gemeint sind viel mehr die Protagonisten der Generation Umhängetasche/Rucksack, die einen aussichtslosen Platz im Mittelfeld unseres Mediensystems gern gegen Väterurlaub tauschen. Kein Schritt wird mehr ohne Kind gemacht. Eine vierspurige Stadtautobahn ist für das Rad mit Kinderanhänger gerade breit genug. Hat man je etwas Blöderes gesehen als einen Mann mit Fahrradhelm, dem das Kind vor der Brust baumelt?

Oft treffen sich die Daddy Weicheis zum Frühstück in einschlägigen Szenecafés. Kinder, die dabei nicht durch den Laden toben und ohne einen Anflug von Manieren auf alles patschen, was auf dem Tisch steht, gelten als verhaltensauffällig. Wenn der Ford Galaxy mit integrierten Kindersitzen auf den Parkplatz beim Ökosupermarkt biegt, fehlt eigentlich nur noch der Aufkleber: Ohne Elternzeit wäre Papi sterilisiert.

Kita-Streik

Bundesweit kam es zu Warnstreiks in unseren Kindertagesstätten, kurz Kitas. Wie zu hören war, ging es nicht vordergründig ums Geld. Es ging um den Wunsch vieler Kita-Mitarbeiterinnen, das 65. Lebensjahr zu erreichen. Möglichst lebendig. Dieser Wunsch ist verständlich und verdient Unterstützung.

Heute heißen die Mitarbeiterinnen Erzieherinnen, früher nannte man sie Tante. Tante Erika und Tante Anneliese. Sie hatten klare Erziehungskonzepte. Wer sich in die Hosen machte, wurde mit Fleck nach vorn in die Ecke gestellt. Rückblickend muss gesagt werden, dass das Opfer sein Schicksal würdevoller ertrug als die Rausgeschmissenen heute bei Heidi Klum.

Derartige Strafmaßnahmen sind mittlerweile zu Recht undenkbar. Heute macht sich das Kind auch nicht mehr nass. Es erbricht sich aber schon mal auf dem Parkplatz vor der Kita. Magen/Darm. Daher die Klage einer Erzieherin: »Die lässt man draußen noch kotzen, und dann werden sie bei uns abgeladen.« Stimmt. Denn Mutti muss zur Arbeit. Und wenn das Kind das Virus im Kindergarten verteilt, haben bald alle was davon.

Als Steigerung gibt es Zettel an der Tür mit dem Hinweis: In der Maikäfergruppe sind Läuse aufgetreten. Meist erst dann, wenn die Kinder so verlaust sind, dass bei Flugreisen Übergepäck fällig wird. Trotz gebetsmühlenhafter Hinweise, dass Lausbefall nichts mit sozialem Status oder Herkunft vom Balkan zu tun hat, verschweigen viele Eltern bis zum letztmöglichen Zeitpunkt die kleinen Tierchen. Geständig wird man erst, wenn beim Kindergeburtstag die Schokostreusel von Nissen überdeckt werden.

In vielen Kitas ist konzentriertes Spielen mit den Kindern erst ab dem späten Mittwochvormittag möglich. Bis dahin rumort in den Köpfen der Kleinen das Fernseh- und DVD-Programm vom Wochenende. Kann uns Brüssel daran hindern, für deren Eltern die Prügelstrafe wieder einzuführen? Fünf Schläge mit dem nassen Rattanrohr auf den nackten Hintern, wer seinen Zweijährigen während des Essens vor eine DVD im Laptop setzt. Ein Hauch von Singapur könnte den gefährdeten Mittelstand in Sachen neue Zeitrechnung konkurrenzfähiger machen.

Wir fordern also im Interesse unseres Landes (drunter geht's nicht) eine Verdoppelung der monatlichen Durchschnittsbezüge von 2100 Euro brutto für Erzieherinnen und maximal sechs zu betreuende Kinder pro Fachkraft. Wo das Geld herkommen soll? Hier hat die Politik die Wahl: Erhöhung der Fernsehgebühren oder Kürzung der Renten.

Der Strandpapa

An unseren Stränden sind in diesem Sommer vier besonders prägnante Modelle der modernen Vaterschaft zu unterscheiden.

Sie verdeutlichen weit mehr als andere Errungenschaften (Homo-Ehen, Hunde-Pensionen) den tief greifenden Wandel, den unsere Gesellschaft vollzogen hat. Das traditionelle Rollenklischee gerade in der Familie hat ausgedient, mehr denn je gilt der Satz: Familie ist, wo Kinder auf die Nerven gehen.

Kurz vor der Bundestagswahl, bei der die Fähigkeit der Spitzenkandidaten, Mutti zu sein, den Ausschlag geben dürfte, sollen hier die vier aktuellen Top-Modelle des deutschen Vaters vorgestellt werden.

1. Papa perfekt. Ist nicht zu bremsen, wenn es um den Burgenbau mit den Kindern geht. Türmchen, Fensterchen, Brücken – kein Detail ist ihm zu viel. Mit Eimern in beiden Händen und an beiden Ohren wird Wasser geschleppt, bis die Sonne im Meer versinkt. Bricht dem Jüngsten ein Mäuerchen ein, krabbelt Papa perfekt auf allen vieren schnell hin, tröstet und repariert. Kinderzahl nicht präzise zu ermitteln, denn zur munteren Rasselbande im Van gehören natürlich immer auch Freunde.
2. Vati apathisch. Spielt mit den beiden Töchtern (9 und 11 Jahre alt) lustlos Volley- oder Beachball. Muss von den Kindern immer wieder zum Weitermachen aufgefordert werden (»Du bist dran«, »Mach doch mal schneller«). Hat häufig die Nase hochgezogen, weil die selbsttönende Brille rutscht. Ab und zu kriegt

er mal einen Ball an den Kopf. Aus Unachtsamkeit. Weil er wieder Bikinimädchen (Alter der Töchter plus x) hinterhergestarrt hat. Häufig behaartes Muttermal auf Hüftpolster rechts.

3. Papa traditionell. Steht in knapper Badehose mit dem Rücken zum Meer wadentief im Wasser. Trägt entweder Schalke-Cap oder leicht zu kleines Käppi, verknautscht, mit Werbeaufschrift eines Farbengroßhandels aus dem Odenwald. Straffes Pläuzchen. Kinder sind MP3-Player-verstöpselt oder spielen Nintendo. Häufig auch beides gleichzeitig. Mutti (Schmetterling-Tattoo überm Knöchel) ist im Strandkorb weggedöst, Lady-Di-Biographie in den Sand gerutscht.
4. Der Partner-Daddy. Überwiegend Anfang 30, sportlich. Zwei Kinder. Den Einjährigen (Max? Leon?) im Tragesitz vor der Brust, die zweieinhalbjährige Tochter (Philine? Cosima?) wird im Bollerwagen gezogen. Dies verrät mangelnde Erfahrung, denn Bollerwagen ziehen im Sand ist grausamer als Wahlkampf machen müssen für die SPD. Nach Errichten des Basislagers in Wassernähe sprintet der Partner-Daddy stilistisch durchaus ansprechend zur Imbissbude. Gläschen warm machen lassen (Hühnchen mit Brokkoli). Danach der Frau (asymmetrischer Haarschnitt, eine Indianerfeder als Ohrring) den Rücken eincremen (Faktor 40). Zwischen den Cremebewegungen immer wieder Küsschen in den Nacken. Danach noch mal zurück zur Imbissbude. Gläschen war zu heiß. Und welcher Typ sind Sie?

Goldene Regeln fürs Arbeitszimmer

In der Liste der beliebtesten kleinbürgerlichen Betrugsarten rangiert das absetzbare Arbeitszimmer noch vor heimlichen Übernachtungsgästen im Hotel. Mehr als vier Picassos sollte aber keiner aufhängen.

Das kann den Wahlkampf entscheiden! Fehlt nur noch das Okay vom Bundesverfassungsgericht, und das gute alte Arbeitszimmer ist wieder von der Steuer absetzbar.

Denn das von der Steuer absetzbare Arbeitszimmer ist für den schlauen deutschen Bürger ein Klassiker, vergleichbar nur mit dem komplett ersetzten Glastisch (durch die Versicherung des Taufpaten) und dem komplett lackierten Wagenheck (bei leichter Schramme durchs Mäuerchen). Leicht abgeschlagen folgt die illegal ins Hotelzimmer eingeschleuste Partnerin bei dreitägigen Dienstreisen. (Doch, die gibt's noch!) Wahlweise wird der Liebsten dann vom Frühstücksbüfett Müslipulver und Actimel hochgeschmuggelt. Oder sie darf mit runter, möchte aber auf Nachfragen des Kellners nix. Danke, die hat keinen Hunger (besonders glaubhaft mit leicht schwäbischem Akzent). Nun aber genug der Indiskretionen aus der Arbeitswelt des ZDF.

Denn bei aller Begeisterung gilt es, einiges zu beachten, um lebenslangen Steinbruch wegen Steuerhinterziehung zu vermeiden. 70 qm Arbeitszimmer bei 80 qm Wohnung machen den Fiskus leicht stutzig. Handgeknüpfte Perserteppiche werden als Mousepad immer seltener anerkannt. Mehr als vier Picassos pro Wand können schnell das gesamte Steuerkonzept ins Wanken bringen. Mal 'nen Tee am Schreibtisch ist okay, aber 120000 Euro auf der Bulthaup-Rechnung führen zu kritischen Nachfragen. Wenn das eigene Jahreseinkommen bei 60000 Euro liegt, machen 10000 pro Monat für die Gattin als Schreibkraft stutzig. Trotz Mindestlohn.

Dies sind nur die wichtigsten Regeln. Aber ihre Beachtung kann Klingeln im Morgengrauen vermeiden helfen. Schließlich wollen Sie ja auch noch Geld vom Denkmalschutz für den illegalen Carport und den behindertengerechten Jacuzzi im Dachgiebel.

Beachten Sie dazu bitte auch unseren Hinweis im Netz: »Tragen Sie die Unterwäsche auch privat?« – So gibt's Geld von Vater Staat für die Berufskleidung.

Alkohol

Jeder Deutsche konsumiert durchschnittlich etwa zehn Liter reinen Alkohol im Jahr. Das entspricht zwar einem russischen Familienfrühstück, ist aber dennoch grob fahrlässig.

Deshalb hat die Deutsche Hauptstelle für Suchtfragen (DHS) jetzt einen wirksamen Schutz vor Alkoholmissbrauch gefordert.

Dies scheint vernünftig, liegt doch das Durchschnittsalter für Alkoholkonsum bei 13,2 Jahren. Praktisch gesehen bedeutet es, dass der Mittelstand die Wochenenden sanft umnebelt verbringt. Die Kinder mit Alkopops im Keller, die Eltern mit einer breiten Palette von Caipi bis 82er Laboum de Irgendwas im Loft. Denn es sind vor allem Kreise, die früher als die besseren galten, in denen regelmäßig gekübelt wird. Natürlich sozial eingebunden. Geburtstage, Jubiläen, Waldfeste, Bergfeste, Seefeste – der christliche Kalender ist zu klein, um alle Anlässe aufzulisten.

Gern plant Vati für den Familienurlaub eine gemütliche Tour durch zauberhafte Weingüter im Burgund (tolle Kirchen!). Da verdreht die Gattin im Hintergrund schon mal die Augen. Denn sie weiß: Ab dem frühen Nachmittag ist der Alte im Tran. Wobei es Frauen aufgrund ihrer größeren sozialen Kompetenz gelingt, schon während der Arbeitszeit den Pegel nicht sinken zu lassen. Tinas Vierzigster (1 Woche), Silkes Reinfall mit dem Schwein auf Facebook und der negative Befund bei Caro – Stößchen!

Hierbei handelt es sich allerdings schon um herausragende Ereignisse. Eine funktionierende Bürogemeinschaft aber, in der Menschlichkeit höher bewertet wird als kalte Fachkompetenz, braucht zum Feiern keine speziellen Anlässe. Praktisch täglich gibt es einen Ein- oder Ausstand. Warum nicht darauf anstoßen, dass endlich Wochenende ist? Donnerstag, ab 15 Uhr. Oder einfach mal die Gläser klingen lassen, wenn Tina den Weg zurück vom Kopierer geschafft hat.

Nein, es kann kein Zufall sein, dass uns gerade jetzt die Meldung erreicht: Gute Freunde wirken lebensverlängernd. Ein intaktes Familienleben, ein gepflegter Freundeskreis neutralisieren sogar 15 Zigaretten täglich. Im Klartext: Wer sich aus einer harmonischen Arbeitswelt in den Spieleabend am Familientisch hinübertrinkt, für den ist ewiges Leben keine Glaubensfrage mehr.

Darauf sollten wir anstoßen.

Befruchtend

Glückwunsch! Der diesjährige Nobelpreis für Medizin geht an Robert Edwards – neben seinem kongenialen Partner, dem bereits verstorbenen Patrick Steptoe, der Schöpfer des ersten Retortenbabys der Welt.

Am 25. Juli 1978 kam sie in der Nähe von Manchester zur Welt: Louise Brown, mittlerweile selbst Mutter. Wer die moppelige Blonde heute sieht, kann zunächst die Einwände des Vatikans kaum nachvollziehen: Normaler geht's nicht! Von Auslese keine Spur! Millionen von jungen Frauen sehen heute auch so aus, wenn der Papa Lkw-Fahrer ist und sie auf traditionellem Weg gezeugt hat. Woher also die ablehnende Haltung in Rom?

Vielleicht hilft es, sich bei der Generation 70plus umzuhören, in der Mittelschicht und Mittelalter nicht selten eine fruchtbare Allianz eingehen. »Unser Herrgott weiß schon, warum er gewissen Leuten keine Kinder gibt.« Natürlich sind wir entrüstet, wenn beim Geburtstagskaffee von Tante Hedwig so ein Dogma verkündet wird. Aber haben wir in den tiefsten Tiefen unseres untersten Unterbewusstseins nicht auch schon ähnlich gedacht? Gerade bei Frauen der Generation Eat, Pray, Love kann die ausbleibende Erfüllung des Kinderwunschs zum alles überlagernden Thema werden. Selbst flüchtige Bekannte am Gepäckband sind nach Minuten über das Sperma des Partners (zu langsam) oder das eigene Ei (zu schnell, zumindest für das Sperma des Partners, der gerade den Mietwagen holt) informiert. Wenn weder der One-Night-Stand mit dem kubanischen Barkeeper noch die Erlebniswoche mit dem Hengst aus der Ayurveda-Klinik den gewünschten Erfolg bringt, dann kann man nur sagen: Gut, dass Professor Edwards sogar mit dem eigenen Sperma experimentiert hat (in der Anfangsphase).

Geschätzte vier Millionen Kinder haben bereits dank In-vitro-Fertilisation das Licht der Welt erblickt. Auf wie viel Mütter verteilt, wissen wir leider nicht. Denn häufig ist zu lesen, dass in Ländern der Emerging Markets 62-Jährige nach künstlicher Befruchtung Achtlingen das Leben schenken. Ungefährlich ist das nicht, aber es wird dran gearbeitet.

Als Katholik, der sich auf herkömmliche Weise – durchaus auch überraschend – fortgepflanzt hat, kenne ich die Position meiner Kirche. Wachgerüttelt durch die Rede des Herrn Bundespräsidenten, wäre ich nun interessiert zu wissen, wie die dritte große Religion in unserem Land sich zu diesem Thema verhält. Gibt's da was im Netz, oder soll ich an meinen Präsidenten schreiben?

Ledige Väter

Das Bundesverfassungsgericht hat die Rechte von Vätern nicht ehelicher Kinder gestärkt. Künftig sollen ledige Väter ebenfalls das Sorgerecht für ihr Kind erhalten können, unabhängig von der Zustimmung der Mutter.

Die Karlsruher Entscheidung stieß allgemein auf große Zustimmung. Bundesjustizministerin Leutheusser-Schnarrenberger will bereits im Herbst einen ersten Gesetzentwurf vorstellen. Einige stark praxisbezogene Ratschläge hierzu sind in Berlin sicher äußerst willkommen. Zunächst sollte der Bevölkerung deutlich gemacht werden, dass es sich auch bei Familiengerichten um Organe der deutschen Justiz handelt. Diese sollen bis zum Inkrafttreten des Gesetzes das gemeinsame Sorgerecht übertragen.

Wer jemals auf dem Flur eines Familiengerichts auf einen Termin wartete, wähnte sich schnell beim Casting für eine Nachmittagstalkshow. Positiv anzumerken bleibt, dass gerade Angehörige bildungsferner Schichten über erstaunliches gynäkologisches Fachvokabular verfügen. Wenn auch in der rustikalen Variante.

Weiterhin sollte der Mutter gestattet sein, mit dem Kind nach eigenem Ermessen umzuziehen. Bei Bedarf gern auch mehrmals täglich. Bei fast jedem Kind wird heute Hochbegabung oder das Aufmerksamkeitsdefizitsyndrom (ADS) diagnostiziert. In den besseren Kreisen auch gleichzeitig. Sollte die Mutter nach sorgfältiger Recherche feststellen, dass eine sinnvolle Förderung nur in Ruanda oder Patagonien möglich ist, hat der Vater sie zu unterstützen. Das Kindeswohl hat oberste Priorität.

In speziellen Fällen soll es künftig sogar möglich sein, das alleinige Sorgerecht auf den Vater zu übertragen. Dies könnte viele Männer überfordern. Schule, Arztbesuche, Fahrten zu Kindergeburtstagen sowie mehrfaches Erbrechen übers Wochenende machen viel Arbeit und sind schon rein genetisch besser in einer Mutter-Kind-Beziehung aufgehoben.

Väter können eine tiefere Beziehung aufbauen, wenn sie ihr Kind regelmäßig sehen. Zum Beispiel bei der Einschulung und dann wieder nach Ende des Studiums.

Dass etwa eine halbe Million Männer in Deutschland überhaupt keinen Unterhalt zahlen, ist eine Sauerei. Kinder sind teuer, und nicht jede Alleinerziehende schafft es bis ins Schloss Bellevue. Wäre die Bundeswehr bei der Jagd auf säumige Väter nicht sinnvoller einzusetzen als am Hindukusch?

Ebenfalls hart vorgehen sollte der Gesetzgeber, wenn Kinder vom Besuchswochenende mit Glatze zurückkehren. Vaterschaftstests sind heute legal möglich, da müssen den kleinen Rackern nicht büschelweise Haare im Schlaf ausgerissen werden.

Zu Recht kontrovers wird diskutiert, ob das Sorgerecht automatisch auf Vater und Mutter übertragen werden soll. Das stünde in eklatantem Widerspruch zu einem der prägnantesten Rechtsgrundsätze: Am Aschermittwoch ist alles vorbei.

Späte Väter

Schizophrenie, Autismus, Zwergwuchs – wer möchte bei solchen Risiken noch jenseits der fünfzig Vater werden? Denn neueste Forschungsergebnisse führen dem virilen Spätzeuger vor Augen: Ab 25 geht's bergab! Vor allem beim Mann. Laienhaft formuliert, sind Spermien ab diesem Zeitpunkt immer weniger integrationsfähig. Wegen der Teilung. Je häufiger geteilt, desto schwieriger wächst zusammen, was zusammengehört.

Biologisch. Aber ist Biologie alles? Gibt es nicht auch kosmischen Gleichklang, Eros und blanke Altersgeilheit? Dutzendweise Kinder, gezeugt im biblischen Alter, kannten wir bisher hauptsächlich von schwarzen Soullegenden.

Und von Jean Pütz. Der schnauzbärtige Kultmoderator bekannte bei Sandra Maischberger freimütig: Vater mit 74, »ohne Viagra«. »So genau wollten wir's gar nicht wissen«, entgegnete die rassige Moderatorin. Wir schon. Denn anscheinend hat das jahrelange Rühren in Cremes und Wässerchen Jean Pütz die Manneskraft bis in ein Alter erhalten, in dem Mozart schon vierzig Jahre tot war. Chapeau!

Die Reife eines achtzigjährigen Vaters wird der Säugling auf seinem Arm umso intensiver spüren, wenn die erschöpfte Wöchnerin die zwanzig erst knapp überschritten hat. Späte Väter haben Zeit für ihre Kinder, denn sie wollen die Fehler an den Sprösslingen aus vier gescheiterten Ehen nicht wiederholen. Keine falsche Eitelkeit mehr. Vor dem Kindergarten darf jeder sehen, dass man locker fünf Minuten braucht, um sich aus dem Quattroporte zu schälen. Na und? Wir gebären rittlings über dem Grabe, der Tag erglänzt einen Augenblick, und dann – ewige Nacht.

»Wir Deutschen können uns nicht länger raushalten.«

Bahnfahren, Reisen und andere Guerillakriege

Schwarze Mamba

Kurz vor Weihnachten haben die Autoren Edo Reents und Patrick Bahners auf der ersten Seite des FAZ-Feuilletons einen sehr lesenswerten Artikel veröffentlicht, der sich mit dem Verfall der Sitten in unseren Zügen befasst. Trolley-Rüpel, Handy-Banausen, Reservierungsärger, überflüssige Durchsagen – alles richtig und trotzdem am Kern vorbei. Denn Bahnfahren hat nichts mit Reisen zu tun. Es handelt sich um Guerillakrieg. Vorbild ist der Vietcong, der durch geschmeidige Beweglichkeit im Dschungel der angeblichen Supermacht USA eine böse Niederlage bereitet hat. Das Schienennetz der Deutschen Bahn ist der Ho-Chi-Minh-Pfad 2009. Zur Grundausrüstung des modernen Bahneinzelkämpfers gehören eine Sonnenbrille (Format: ganz später Onassis) sowie Kopfhörer in einer Größe, wie sie auch von den Einwinkern auf Flughäfen getragen werden. Was Düsenlärm unterdrückt, verwandelt auch das Geschwätz von Mitreisenden in ein sanftes Rauschen. Bereits auf dem Bahnsteig sollen Mimik und Körpersprache Al Pacino zitieren: »Touch me once again, and I'll kill you.«

Strikt zu meiden ist die Nähe von Senioren. Es gilt die einfache Formel: Senior + Bahn = Stress. Speziell auf der rechtsrheinischen ICE-Strecke haben Senioren absolut nichts verloren. Für sie gibt es die landschaftlich traumhafte Loreley-Route in verrauchten, durchgesessenen und uringetränkten IC-Abteilen aus der Zeit des NATO-Doppelbeschlusses. Noch besser wäre es, die Rentner ließen sich vom Roten Kreuz zu den Kindern fahren. Dafür ist es ja da.

Natürlich hat Gepäck in den ICE-Zügen keinen Platz. Das ist bewusst so gehalten. Die Bahn will nur Laptop-Reisende. Die Bilder auf dem Schirm sowie das Geschrei der Dauertelefonierer ignorieren wir einfach. Hier handelt es sich ausnahmslos um geistige wie »internetmerische« Mittelschicht, die von der nächsten Krise auf natürliche Weise entsorgt wird. Jede Insolvenz lässt den Großraumwagen ein Stück näher Richtung Salonwagen rücken. Ich selbst reise mit Schwarzer Mamba. So nenne ich meine BahnCard 100 zum Preis von 5900 Euro. Seit 14.12.2008 ist der Preis um 250,00 Euro erhöht. Recht so.

Wenn ich für den Zugbegleiter (m/w) die Schwarze Mamba zücke, steht er stramm. Zwei Sternchen in den Augen und ein Salto rückwärts signalisieren mir: Er hat verstanden! In mir hat er einen, der bedingungslos JA! sagt zur Deutschen Bahn. Der gemeinsam mit dem Personal eine Heilige Allianz bildet gegen den motzenden, verstopfenden, lärmenden Pöbel der Gelegenheitsreisenden. Bahnfahren 2009 ist die Fortsetzung des Krieges mit anderen Mitteln. Wir Deutschen können uns nicht länger raushalten.

Der Flugzeugnachbar

Stinken alle Inder? Wie viel gemischte Nüsse kann ein Araber wegputzen? Schlafen Chilenen quer? Und warum trinkt der kleine dicke Deutsche vor dem Start so viel, dass er schon kurz nach dem Einfahren der Landeklappen quengelt: »Do you have Aspirin?« Diese Fragen muss sich jeder stellen, der als Antwort auf die globale Herausforderung mehrmals jährlich den Erdball umrundet. Und wer von den Lesern (m/w) dieses Magazins täte dies nicht?

Liegt's am Curry? Am Übergewicht oder an der Naturverbundenheit? Der extrem korpulente Inder, der zwischen Newark/New Jersey und Frankfurt neben mir saß, verdaute jedenfalls derart intensiv, dass die Stewardess kurz vor Grönland bedauernd feststellen musste: Tut mir leid, die Toilette ist außer Betrieb! Vorher hatte er schon alles ausgepackt, was der Duty-free-Shop hergab. Verglichen mit dem Boden rund um ihn ist ein Altpapiercontainer steril. Seither meide ich zwar fette Inder, kriege aber den Geruch nicht mehr aus der Nase. Chilenische Sitznachbarn verströmen dagegen den lässigen Duft echter Machos und erklären mit einem Rotweinglas in der Hand die Anden im Licht der Spätnachmittagssonne. Leider, leider finden sie im Halbschlaf selten den richtigen Knopf. So wurde ich im Luftraum zwischen Amazonas und Kanaren mehrfach zusammen- und wieder auseinandergeklappt, während die Finger des Señors neben mir im Schlummer auf meiner Sitzsteuerung spielten. Aber Chilenen sind o. k.

Stärken acht Schälchen gemischte Nüsse zwischen

Dubai und Düsseldorf die Manneskraft? Muss der arabische Mann traditionell beim Gähnen stöhnen, als wären gerade fünf Ölfelder versiegt? Und erfordern strenge Stammesriten, dass Zeitungsseiten nach dem Lesen in hohem Bogen weggeschleudert werden?

Während ich darüber meditiere, ziehen vor meinem inneren Auge Schweizer, Dänen und Norweger vorbei. Bevor ich wegdöse, legt der kleine Deutsche vor mir seine Kurzarmpranke auf die Lehne. Letzter Gedanke: Auf kurzen deutschen Männerarmen sieht eine Rolex besonders blöd aus.

Der Vierradkoffer

Klinsi, Schweinegrippe, Daimler – ja gibt es denn gar nichts mehr, worüber sich die Deutschen freuen könnten?

Doch. Der Rollkoffer mit vier Rädern ist eindeutig auf dem Vormarsch! Auf unseren Flughäfen und Bahnhöfen sind es vor allem Frauen, die auch Gepäckteile in der Größe knapp vor dem Schrankkoffer grazil neben sich herlaufen lassen. Dies wird ermöglicht durch vier Räder gegenüber bisher zwei. Dadurch geht der Koffer gewissermaßen neben einem Gassi. Eine eindeutige Erleichterung, vor allem beim ständigen Wiederaufnehmen des Koffers in der Schlange. Zum Beispiel beim Einchecken.

Und schon sind wir bei der Frage: Welches soziologische Signal sendet der Vierradkoffer aus? Ja, mein Herrchen oder Frauchen steht oft in der Schlange! Weil es nur dem mittleren Management angehört, muss es nicht nur häufiger reisen als echte Chefs. Sondern auch zu stark frequentierten Randzeiten. Da kann man schon mal eine Stunde warten müssen, und da hilft es, wenn ich mir das Rollköfferchen nicht ständig in die eigenen Hacken ziehe, sondern lässig neben mir herschiebe.

Für Freunde der Klassengesellschaft bedeutet das dritte und vierte Rad am Koffer wohl den endgültigen Abschied von jenen Zeiten, als livrierte Chauffeure das maßgefertigte Gepäck ihrer Herrschaften am Schalter der Concorde ablieferten. Ohne jedes Rad natürlich.

Die Generation Vierradkoffer dürfte allerdings nicht lange Freude an sämtlichen vier Rädern haben. Denn sie sind nicht bündig mit dem Kofferboden, sondern ragen darüber hinaus. Für den gemeinen deutschen Taxifahrer sind sie somit, was der warme Motor für den Marder darstellt: ein gefundenes Fressen. Wer je einen Taxifahrer beim Versuch beobachtet hat, den Griff samt Stange wieder in den Koffer zu schieben, ahnt, wovon die Rede ist. Noch wenig kommuniziert ist auch die Lärmentwicklung durch die zusätzlichen Räder. Denn wie das Umweltbundesamt kürzlich am »Tag gegen Lärm« mitteilte, werden etwa 13 Millionen Deutsche mit Geräuschpegeln belastet, die Gesundheitsrisiken verursachen.

Und dann noch der wärmste April seit 120 Jahren! Wer will da überhaupt noch einen Koffer ziehen? Klinsi weg, Schweinegrippe da, Daimler in den Miesen – wenigstens macht die Deutsche Bank noch einen Gewinn, der passt in keinen Koffer. Egal, wie viele Räder.

Koffer weg

Jeder 64. Fluggast in der EU sieht ein aufgegebenes Gepäckstück so schnell nicht wieder.

Im Grunde eine rundum positive Nachricht. Denn die in Deutschland verstärkt um sich greifende Lässigkeit und Entspanntheit sollte Loslassen gerade auch beim Gepäck ermöglichen. Wer Yoga macht und sich das Beste aus dem Buddhismus rauspickt, wird einem hässlichen Koffer mit überflüssigem Inhalt leichten Herzens Lebewohl sagen. Denn was wird schon drin gewesen sein? Crocs, Trekkingsandalen, bedruckte T-Shirts, Fleece-Jacken, Piratenhosen, Halbarmhemden und weitere unzählige und potthässliche Outdoor-Klamotten. Alles Dinge, deren Verschwinden unsere Umwelt schöner macht. Und wer es unbedingt wieder kaufen muss, kurbelt die einschlägigen Industrien an. Der EU-Kommissar für Verkehrsfragen, Antonio Tajani (Name bitte merken, falls Koffer weg!), hält es für »nicht hinnehmbar«, dass allein in den ersten zehn Monaten des Jahres 2008 auf europäischen Flughäfen 4,6 Millionen Gepäckstücke als verloren gemeldet werden mussten. In der Tat: Die Zahl schockiert! Aber ist hier nicht die Politik gefordert? Könnten nicht Jugendliche, die auf einen Studien- oder Arbeitsplatz warten, als Kofferpaten auf unseren Flughäfen eingesetzt werden? Für sechs Euro oder so die Stunde? Gerade ausländische Gäste wüssten es sehr zu schätzen, wenn ein fesches Mädel sich auf dem Gepäckband an den Koffer klammert und ihn kurz darauf mit einem freundlichen »Willkommen in Deutschland« übergibt. Kleiner Aufwand, große Wirkung.

Und ist es wirklich so schlimm, dass fast alle verschwundenen Koffer erst zwei Tage später wieder zu Hause angeliefert werden? So lange stehen sie doch eh im Flur, weil man wirklich gar keinen Bock hat, die Dreckwäsche auszupacken.

Wir wollen nicht versäumen, an dieser Stelle das leuchtende Vorbild Ryanair zu erwähnen. Dort könnte in den nächsten beiden Jahren jeder Koffer 15 bis 20 Euro extra kosten. Klares Ziel: Die Passagiere sollen überhaupt nur mit Handgepäck verreisen.

Und in der Tat: Wer erlebt hat, was unsere Leistungsträger in den Morgenmaschinen schon jetzt alles als Handgepäck oben reinstopfen, der sieht für Kofferreisende düstere Zeiten kommen. Fast immer muss der Passagier in Reihe 9 auf das Fach Reihe 18 oder höher zurückgreifen, da über seinem Sitzplatz bereits Handtaschen und Mäntel im Umfang einer durchschnittlichen Sperrmüllabholung verstaut sind.

Die Eincheckzeit verzögert sich dadurch in einem Ausmaß, dass zwischenzeitlich bereits wieder der verschollene Koffer vom letzten Mal aufgetaucht ist.

Alkoholverbot?

Unsere Bahn soll ein Alkoholverbot in Nahverkehrszügen verhängen. So der Vorschlag von Konrad Freiberg, dem Chef der Polizeigewerkschaft.

Grundsätzlich ist diese Anregung sehr sinnvoll. Aber warum nur in Nahverkehrszügen? Was ist mit dem ICE?

Hier ist nicht nur die Info-Elite unterwegs, sondern vor allem an Wochenenden sind es auch zahlreiche Fußballfans und Besucher diverser Oktober- und Weinfeste. Wer einmal frühmorgens in solch einen Oktoberfest-Heimkehrer-Zug geraten ist, den kann das Norovirus nicht mehr schrecken. Ebenfalls stark getrunken wird in ICs und ECs, die linksrheinisch verkehren. Auf der romantischen alten Strecke, vorbei an der Loreley. Hier sind es vor allem Reisegruppen des abstürzenden Mittelstandes, die bereits auf dem Bahnsteig Druckbetankung praktizieren.

Die Beispiele im Fernverkehr ließen sich beliebig erweitern. Es ist beglückend zu erleben, mit welcher Lässigkeit beispielsweise zwischen Frankfurt und Basel ein Weizenbier am Platz geordert wird. Um zehn Uhr vormittags. Die Beschränkung des Alkoholverbotes auf Nahverkehrszüge erscheint dem sorgenvollen Betrachter als weiterer Schritt in eine kalte Klassengesellschaft.

Wer im Zug säuft, wird der nicht auch wirkungsloser geimpft? Was sind die Ursachen? Warum schleppen Jugendliche, unterwegs zu Fußballspielen, Bierkästen mit in den Zug? Warum tragen kreischende Grüppchen von Hausfrauen bereits jetzt Nikolausmützen und prosten der Kollegin, die bei McClean verschwindet, mit Piccolöchen zu?

Hier ist uns die Soziologie bisher Antworten schuldig geblieben. Tatsache ist: Die gesellschaftliche Mitte erreicht immer häufiger gruppenweise und knülle den Bahnsteig. Saufen im Zug dagegen kann sich nur eine einkommensstarke Minderheit leisten. Der Rest gefährdet durch die Preise im Bordrestaurant seine Altersvorsorge. Warum praktiziert man nicht für eine Übergangszeit einen Kompromiss? Blaue Zonen, in denen man sich auf dem Bahnsteig die Kante geben kann. Denn mit den gelben für die Raucher hat man gute Erfahrungen gemacht.

In einer offenen Gesellschaft muss es möglich sein, vor Abfahrt des Zuges im Freien ein Bier zu trinken. Oder zwei. Und beim nächsten Halt kurz raus und noch eines. Man könnte angenehm beduselt den Heimatbahnhof verschlafen, und im Zug selbst gäbe es keinen Nachschub. Zumindest nicht in der zweiten Klasse. Oder will die Bahn es in diesen Zeiten riskieren, die Inhaber der BahnCard 100 an Kreuzfahrtschiffe zu verlieren? Dort wird der Frühstückscocktail mit akademischem Titel serviert: »Ihr Rosé, Herr Doktor.«

Im Stau

Und plötzlich stand ich im Stau. 20 Kilometer zwischen dem Autobahnkreuz Köln-Ost und Ratingen. Auf der A3, dreispurig, sicher eine der schönsten Autobahnen, um sich dem tieferen Sinn des Staus zu widmen.

Denn zunächst denkt man, das löst sich gleich auf. Stop and go, dann geht's wieder ein bisschen, dann kommen die ersten fünf Minuten, in denen sich gar nichts mehr bewegt. Zeit, einen ersten Blick auf die Wagen in der Nebenspur zu werfen, mit denen man jetzt ja vermutlich etwas länger parallel fahren wird. Im Passat rechts von mir herrscht rege Betriebsamkeit. Navi, Handy, Radio – nichts wird unversucht gelassen, um an Informationen zu kommen.

Bereits jetzt spüre ich: Es ist sinnlos, den Stau besiegen zu wollen. Man muss sich ihm hingeben. Stau als Chance.

Als gigantischer Wachstumsbeschleuniger für die innere Ruhe. Im Radio Nachrichten von der Klausurtagung des Kabinetts auf Schloss Meseberg. Guido Westerwelle lobt das Klima, Angela Merkel sagt nichts zu Erika Steinbach. Links neben mir ein Alfa mit rumänischem Kennzeichen. Auf der Welternährungskonferenz in Rom hat man im eigentlichen Sinn nichts erreicht, sieht aber gute Chancen für die Zukunft. Programmhinweis: Warum Beatrice von Weizsäcker Politik nicht mag. In einer halben Stunde ein Gespräch mit der Tochter des ehemaligen Bundespräsidenten. In den Stau kommt für kurze Zeit Bewegung. Seitlich ranfahren, denn von hinten kommt der Notarztwagen.

Blaulicht und Sirene. Dahinter folgt ein Taxi mit Bonner Kennzeichen. Will es im Schatten des NAW schneller vorankommen? Oder soll es zum Unfallort, damit Leichtverletzte sitzend abtransportiert werden können? Zahlt die Kasse die Fahrt Unfallort–Privatwohnung oder nur bis zur nächsten Autobahnausfahrt? Links winkt eine Frau. Aus einem weinroten Ford Sierra mit Kennzeichen Gelsenkirchen. Kann das eine Zukunft haben, in diesem Auto, mit diesem Kennzeichen? Vor mir fädelt ein gelber Daihatsu Cuore ein, Lemon Edition. Der Migrant auf dem Beifahrersitz wirft eine Actimel-Flasche aus dem Fenster. Im Radio ist zu hören, das Wuppertaler Schauspielhaus sei von Schließung bedroht. Zehnmal zwei Karten für »Das goldene Vlies« und »Nibelungen« in Köln zu gewinnen.

Man muss keine Quizfragen beantworten, nur anrufen. Dann beginnt die Live-Übertragung einer Vertonung des Epos von Gilgamesch aus der Oetker-Halle in Bielefeld. Macht Hunger auf Döner. Einspurig am umgekippten Lkw vorbei.

Nach drei Stunden wieder freie Fahrt. Unverzüglich, sofort.

Der Neuankömmling

Der Neuankömmling sieht irgendwie doof aus. Egal, ob in einer Hotelanlage auf den Kanarischen Inseln oder auf einem Kreuzfahrtschiff irgendwo in tropischen Gefilden – wer neu ankommt, steht rum wie Falschgeld. Dabei kann er nichts dafür. Jeder von uns ist irgendwann ein Neuankömmling. Aber die bereits Anwesenden grenzen sich unbewusst vom Eindringling ab. Denn mit den anderen Gästen hat man sich bereits arrangiert. Man weiß, wer reanimiert wurde und wer immer Eis zum Nachtisch essen muss, egal, was er sich wünscht. Beim Neuankömmling dagegen weiß man nicht, ob er sich Trüffel rund um die Welt nachschicken lässt oder noch immer ein Telefon mit Wählscheibe besitzt. Zwei Haupttypen lassen sich beim Neuankömmling unterscheiden: der Übernächtigte und der bestens Präparierte.

Der Übernächtigte aus dem kalten Europa steht im Anorak und mit Schal dort, wo ihn die kanarische Hotelmitarbeiterin abgestellt hat. Im Hotelgarten. Am Pool. Oder am Strand. Häufig wird erst mal zum Strand gegangen und auf die Eingeölten mit Kopfhörer gestarrt, als handle es sich um vom Aussterben bedrohte Tiere. Unvorstellbar, dass man in wenigen Stunden selbst dazugehört. Der Gesichtsausdruck verrät: Sieht gar nicht so anders aus wie daheim. Und wo gibt's Handtücher?

Auf einem Schiff laufen Neuankömmlinge gerne auf dem Aussichtsdeck von Backbord nach Steuerbord, lehnen sich leicht über die Reling und starren wahlweise auf Asphalt (Kaimauer) oder trübe Brühe mit tuckernden Schiffchen (Hafengewässer). Dann bestellen sie einen Latte und setzen sich in Winterklamotten in Richtung Sonne. Die Haut sagt Danke. Wie anders dagegen die Präparierten!

Schon beim Landausflug ziehen sie ein frisches Hemd aus dem Handgepäck. Bereits mitten über dem Atlantik waren sie für locker dreißig Minuten in der Flugzeugtoilette, um sich frisch zu machen. Die dicken Winterschuhe verschwinden in mitgebrachten Stoffbeuteln und die Füße in lässigen Italoslippern. Neuankömmlinge tragen weltweit die am schärfsten gebügelten Blusen. Egal ob gestreift oder Polo: Lieber tot als Kragen nicht hochgeklappt!

Präparierte Paare um die sechzig stehen Arm in Arm am Heck und atmen mit geschlossenen Augen tief durch. Alles wie im letzten Jahr!

Wenn es uns gelingt, den Neuankömmling in uns mit den bereits Anwesenden zu versöhnen, dann ist das wie täglich Käpt'ns Dinner. Ahoi!

Mein Traumschiff

Gute Nachrichten für den Käpt'n, Beatrice und den Doc: Die Münchner Beteiligungsgesellschaft Aurelius hat 95 Prozent der Anteile an der Kreuzfahrtreederei Peter Deilmann übernommen und ist damit Eigentümer der »MS Deutschland«, einem Millionenpublikum bekannt als ZDF-»Traumschiff«.

Sicher sind die Finanzprofis aus München dankbar, wenn sie von einem der größten Traumschiff-Experten (Selbsteinschätzung) wertvolle Tipps erhalten, wie der schmucke Oceanliner seine eh schon riesige Fangemeinde künftig noch marktbewusster erreichen kann.

1. Der »Alte Fritz«. Die urige Bar ist das kommunikative Zentrum des Schiffs. Hier finden Passagiere zueinander, hier werden Lebensbeichten abgelegt, hier gibt es Unterhaltendes und Wissenswertes über Enkel und Enterbte, Scheidungen und Reanimationen, vor allem aber gibt es rund um die Uhr die kulinarische Dreifaltigkeit: Buletten, Würstchen und Schmalzbrote. Sie stehen lecker angerichtet zur Selbstbedienung, egal ob vor Oman, am Kap Hoorn oder auf dem Mekong. Ist das Schiff nicht zwecks Landausflügen im Hafen (Fachjargon: »Erholung auf See«), überbrücken viele Stammgäste (»Repeater«) die Zeit zwischen Early Morning Coffee, Frühstück, Bouillon um 11, Mittagessen, Eis, Kaffee und Kuchen, Sundowner, Abendessen und Late-Night-Snack mit den Angeboten im »Alten Fritz«. Laugenbrezel, Buletten und Senf aus dem Steinkrügelchen

auf Höhe der Atacamawüste – einfach herrlich. Weiter wie bisher!

2. Croissants auf dem Panamakanal. Wurden beim letzten Mal vermisst. Einfahrt bei Tagesanbruch (ließen sich erfahrene Passagiere vertraglich zusichern). Aber keine Croissants und Kaffee zu spät. Gab's früher sogar in Venedig und im Suezkanal sowieso. To-do-list: Croissants auf dem Panamakanal!!!
3. Schiffseigner öfter mal an Bord mitreisen. Wird auf befreundeten Schiffen erfolgreich praktiziert. Anteilseigner reist mit Gattin durch die Südsee, nachts gehen die Faxe an die Reederei nach Hamburg (Enttäuschung über Sternenhimmel, Größe der Melonenstücke im Obstsalat, so Sachen). Schafft entspanntes Klima an Bord und motiviert die Crew.
4. Speisesäle (Lidodeck, Restaurant »Berlin«) pünktlich um 12.30 Uhr öffnen. Exakt halb eins. Wer sein Leben lang erfolgreich 1400 Leute unter sich hatte, will »auf den Spuren der Inkas« nicht um 12.31 Uhr verzweifelt an der Tür rütteln. Ab 12.32 Uhr Beschwerde an der Rezeption.
5. Kabine in Fahrtrichtung. Häufigster Wunsch von Neulingen. Ebenso wie »in Sydney vom Bett aus die Oper sehen«. Sind nur Kleinigkeiten, schaffen aber Kundenbindung. »MS Deutschland« nimmt weiterhin Kurs auf Erfolg.

Stuttgart 21

In Stuttgart hat die Zukunft begonnen. Unter dem überschaubaren Jubel der Bevölkerung wurden nach 17 Jahren Planung die Bauarbeiten für den neuen Hauptbahnhof (kommt unter die Erde) und die Schnellbahntrasse nach Ulm (neue Reisedauer: 28 Minuten) gestartet.

Als einer der profiliertesten Kenner des aktuellen Stuttgarter Hauptbahnhofs (Selbsteinschätzung) erlaube ich mir, das nicht völlig unumstrittene Projekt an dieser Stelle fachkundig zu analysieren. Erst mal die Kosten. Ungefähr sechs Milliarden. Jeder Bauherr weiß: Da können locker noch 30 bis 50 Prozent draufgerechnet werden. Wasser im Keller, Eingang rutscht ab, Waschbecken im Schlafzimmer statt im Bad ... das sind nur drei der größten Klassiker. Trotzdem ist das Geld gut angelegt. Sechs Milliarden werden heutzutage locker an einem Nachmittag von jeder Landesbank verzockt, ohne dass man dafür schneller zum Flughafen käme. Denn das ist ein weiteres Ergebnis des Projekts: in acht Minuten aus der City zum Airport auf den Fildern. Bisher zieht sich das bös. Die 28 Minuten bis Ulm sind geradezu traumhaft. In Stuttgart leben und in Ulm arbeiten – viele junge, hoch qualifizierte Paare sehen darin eines ihrer vordringlichsten Ziele. Ulm ist schon heute eines der weltweiten Zentren für Lehre und Forschung, nur noch durch die Donau vor Armutsflüchtlingen aus dem taumelnden Bayern geschützt.

66 Kilometer der neuen Hochgeschwindigkeitsstrecke verlaufen im Tunnel. Eine tolle Gelegenheit für die Serviceteams unserer Bahn, Apfelschorle oder

Gratisheißgetränk bei gedämpfter Beleuchtung zu verteilen. Falls der ICE mal liegen bleibt. Und Reisende müssen künftig nicht mehr auf offener Strecke ins Schienenersatzfahrzeug umsteigen. Der Tunnel schützt bei der Evakuierung vor Wind und Wetter. Der am Bahnhof angrenzende Schlossgarten wird Raum für Wohnen am Park. Wohnkultur zum Mit-der-Zunge-Schnalzen. Dies erfordert eine gewisse Flexibilität für schwule Schwaben und Drogenkonsumenten. Für sie entsteht aber eine neue Möglichkeit zum Flanieren im Rosensteinpark, der um 20 Hektar erweitert werden soll.

Natürlich ist während der Umbauzeit mit Behinderungen zu rechnen. Aber was ist eine Umleitung hie und da oder etwas Staub auf den Trekkingsandalen gegen die Schwierigkeiten etwa beim Bau des Panamakanals? Mit 25000 Malaria-Toten rechnen in Stuttgart nicht mal die Grünen. Viel Glück also bei diesem europäischen Projekt, das bei der Präsentation in Berlin auch durch seinen Slogan überzeugte: Stuttgart – unterirdisch in die Zukunft.

Kleine Reiseschule

Über die Bahn noch zu jammern oder Sarkasmus zu verbreiten ist mittlerweile Taschenbuchautoren vorbehalten, die Geld brauchen. Denn das Problem ist nicht die Bahn, sondern die überwältigende Mehrheit der Reisenden. Die Bahn ist, wie sie ist. ICEs fahren überwiegend nur in halber Länge, reservierte Plätze sind nicht vorhanden, Verspätungen der Normalfall. Dies ist bekannt, professionell Reisende gehen damit um. Nachdenkenswert erscheint deshalb, die Aufteilung in 1. und 2. Klasse zu ersetzen. Durch Unterteilung in Profi- und Gelegenheitsreisende. Vor Betreten des Bahnsteigs sollte außerdem ein kurzer Test erfolgen, ob der Reisende den Unterschied zwischen Wagen- und Sitzplatznummer kennt. Wenn ein einzelner Herr, 53, mit Brille und grauem Bart auf dem Nebensitz Mantel, Tasche und Einkaufstüte abgelegt hat, erübrigt sich die Frage: »Ist neben Ihnen frei?«

Ebenso erübrigt sich im Speisewagen die Frage: »Ist der Salat frisch?« Genauso gut könnte man in der Dönerbude fragen, ob das Fleisch vom Biohof kommt. Wer damit überfordert ist, dass Wagen in umgekehrter Reihenfolge einfahren, soll zu Hause bleiben. Wenn der Zug 90 Minuten auf offener Strecke zwischen Frankfurt und Mannheim liegen bleibt, gibt es dafür Gründe. Wir kennen sie nicht und können sie nicht ändern.

Keinen Grund gibt es, aus diesem Grund dreimal in Ulm anzurufen (Ich komm später – ich komm noch später – hol mich nicht ab/schon losgefahren? Blöd!). Dass man schon einen langen Flug aus Costa Rica hinter sich hat, ist für unschuldige Mitreisende uninteressant. Offensichtlich ist, dass diese Reise überflüssig war. Das beweist schon ein Blick auf die affige Outdoor-Ausrüstung.

Weiterhin ist die Zeit passé, in der man sich über die englische Aussprache des Zugbegleiters mokiert. Es sei denn, man ist auf das Niveau deutscher Kabarettisten abgestürzt. Wichtig für allein reisende Mütter: Halten Sie Ihr Kind eng am Körper! Es ist nicht so süß und drollig, wie Sie glauben! Und 25-Kilogramm-Rucksäcke passen nicht in die Gepäckablage.

Dies sind nur einige Regeln für das Verhalten in unserer Bahn. Sobald wir Näheres wissen, achten Sie bitte auf die Durchsage. Im hinteren Heftteil erwarten wir Sie jetzt gern zu Kaffee und Kuchen.

»Schau, im Familienministerium brennt noch Licht.«

Unsere Politiker

Adlig, männlich, 37

Pavillon anpinkeln, Gassi gehen mit Tatjana Gsell, Zsa Zsa Gabor durch Beverly Hills schieben – das waren bisher Tätigkeiten, mit denen wir unsere männlichen Adligen in Verbindung brachten.

Damit ist jetzt Schluss. Denn am 9. Februar 2009 hat Horst Seehofer endgültig die Folgen der Französischen Revolution beseitigt, jetzt haben wir einen waschechten Edelmann der Generation U40 im Bundeskabinett.

Jeder weiß, dass mit der Ernennung von Karl-Theodor zu Guttenberg zum Wirtschaftsminister ein neues Zeitalter in der deutschen Politik eröffnet wurde. Und das ausgerechnet von der CSU, die bisher vor allem von weiblichen Städterinnen mit dem Dreiklang Glatze, Plauze, Zahnfleischschwund in Verbindung gebracht wurde.

In Zeiten, in denen das Publikum vorwiegend durch wechselnde Firmenpleiten und neue Billionenbürgschaften gelangweilt wird, sorgt Horst Seehofer für ungeahnte Erneuerung, indem er alles über vierzig förmlich mit dem Dampfstrahler von der politischen Bildfläche spült.

Es grenzt an magische Fähigkeiten, welch glückliche Hand der bayerische Ministerpräsident mit jungen Männern und Frauen in seiner Umgebung hat.

Kann es Zufall sein, dass Karl-Theodor zu Guttenberg ausgerechnet in jenen Tagen zu Amt und Würden kommt, in denen mit Schiesser die letzte deutsche Traditionsunterhose in den ewigen Eingriff eingeht? Präzise wie Feinripp ist das Haar des jungen Ministers gegelt. Die Hemdkragen setzen Maßstäbe. Besser als seine Anzüge sitzen nur die von afrikanischen Diktatoren. Und darunter vibriert ein Körper, der einem den Begriff vom fränkischen Kennedy förmlich in die Tasten hackt. Wann verknallt sich von der Leyen in diesen Kollegen?

Mag die Frage auch überraschen, aber der Testosteronpegel am Kabinettstisch dürfte sich verdreifachen. Und ein Hauch von Sarkozy täte unserer Republik so verdammt gut. Ein Knistern in der Regierung, ein Ministerien übergreifendes Flirren und Gurren, ein beschwingtes Huschen auf den Fluren, und das Volk auf der Straße flüstert: »Schau, im Familienministerium brennt noch Licht.«

Ja, unsere Regierung ist viriler, dynamischer und schöner geworden. Die Kraft eines jahrhundertealten Geschlechts wirkt in unserem Land. Karl-Theodor Minister, Vater Enoch ein berühmter Dirigent, Vetter Florian ein leibhaftiger Oscar-Gewinner und Gattin Stephanie eine geborene Bismarck. Wenn jetzt noch Dr. Westerwelle Außenminister wird, beginnt am 27. September der Frühling.

Null Krise

Bundesregierung! Sei stolz auf dieses Volk! Trotz stündlicher Horrormeldungen in allen verfügbaren Medien sehen die Deutschen der Zukunft gelassen entgegen. Weder Impfpanik, Schuminacken, Krebsvorsorge (sinnlos) noch Malaria-Erreger (resistent) können den Deutschen die Lebensfreude vergällen.

Die Hälfte glaubt, dass uns wirtschaftlich das Schlimmste noch bevorsteht, aber nicht einmal ein Drittel hat Angst um den eigenen Arbeitsplatz. Warum auch sollte man Angst vor der Kurzarbeit haben, wenn sie so erfrischend und kreativ herüberkommt wie bei Franck Ribéry?

Überhaupt scheint der Fußball überaus positiv auf die gesamte Arbeitswelt abzustrahlen. Beispiel Felix Magath. Gleich mit zwei Clubs ist er an der Spitze der Bundesliga vertreten. Ob Auto- oder Fleischindustrie – ein Könner wie der Trainer des Jahres stellt sich flexibel auf den jeweiligen Arbeitgeber ein. Eine Grundvoraussetzung in der modernen Arbeitswelt. Auf Schalke hat er in kürzester Zeit den Mindestlohn etabliert (mindestens zwei Tore pro Spiel). Und in Wolfsburg hat er einen der zentralen Begriffe Gerhard Schröders umgesetzt: Nachhaltigkeit. Selbst mit Klinsmann wären die Wolfsburger jetzt auf Jahre hin konkurrenzfähig. Ist ein Magath der deutschen Politik erkennbar? Eindeutig.

Wirtschaftsminister zu Guttenberg hat Umfragewerte aufzuweisen, die ihn schon fast zu einer Einmannpartei machen. Das kann nicht nur daran liegen, dass er Opel ähnliche Chancen einräumt, wie sie

Gerald Asamoah von Magath bei den Schalkern bekommt. Medizinische Untersuchungen ergaben, dass zu Guttenberg der erste CSU-Minister seit Jahren ist, bei dem junge Frauen in Großstädten nichts als Glückshormone ausschütten. Kein Wunder also, dass sich eine Mehrheit der Deutschen ausgerechnet in der Krise von einem finanziell unabhängigen Adligen bestens repräsentiert sieht.

Zwanzig Jahre nach der Einheit und vierzig Jahre nach Woodstock möchte der deutsche Wähler jetzt auch die Fehler der Französischen Revolution korrigieren. Nachhaltig. Wie wir aus Allensbach weiter hören, hat die Krise für »die überwältigende Mehrheit einen nahezu virtuellen Charakter«. Gut so. Deutschland hat dennoch den Einstieg ins IT-Zeitalter glänzend vollzogen.

Hilfreich könnte auch sein, dass die meisten Deutschen entweder Rentner sind oder noch bei Mutti wohnen. Insofern sind sie vom Arbeitsmarkt nicht betroffen. Angesichts solcher Erkenntnis verdient Frank-Walter Steinmeier Respekt dafür, dass er weiter Wahlkampf macht.

Minister im Visier

Ein Mädchen, das heute geboren wird, hat nicht nur gute Chancen, 100 Jahre alt zu werden. Schneller als gedacht ist sie womöglich auch Ministerin.

Das hat mit der bekanntermaßen dünnen Personaldecke zu tun, unter der sich zunehmend alle Parteien kuscheln. Wenn heute noch ein Talent (m/w) in einer Partei auftaucht, ist der Weg zwischen erster medialer Erfassung und Ministeramt überschaubar kurz.

Nehmen wir zum Beispiel die neuen Minister zu Guttenberg (Verteidigung) und Rösler (Gesundheit). Für Karl-Theodor zu Guttenberg ist es bereits das zweite Amt in der noch jungen Ministerkarriere. Wie früher bei Carrell: eben noch am Band bei Opel, jetzt schon in Afghanistan. Wobei der neue Verteidigungsminister weniger die Taliban in Schach halten soll als vielmehr seinen Kollegen im Außenamt, Westerwelle.

Denn moderne Außenpolitik geht so: Das Wichtige macht die Kanzlerin selbst. Mit dem US-Präsidenten im Strandkorb, Küsschen mit Berlusconi und – oh, là, là! – bei Sarkozy in Paris. Guido darf mit, so steht's im Koalitionsvertrag. Aber wo Angie mit Küsschen begrüßt wird, ist er erst mal der Neue. Und für die vielen Fleckchen auf unserem Planeten, wo es kracht und wummert, ist Herr zu Guttenberg zuständig. Tolle Fotos dürfen erwartet werden (kugelsichere Weste, Helm, offene Ladeklappe). Da tut sich der Außenminister in Reihe drei bei diversen Gipfeln nicht leicht.

Ähnlich sieht die Lage für Gesundheitsminister Rösler aus. Einerseits die Frage, bis wann ihn die Lobby von Ärzten und Krankenkassen zur Ulla macht. Andererseits seine eigentliche Hauptaufgabe: Ursula von der Leyen vom Gesundheitsministerium fernzuhalten. Sie ist im Familienministerium für die Kanzlerin von überschaubarer Konkurrenz, während sich der smarte Gesundheitsminister auf einem der Schleudersitze im Kabinett bewähren muss.

Bleibt Dirk Niebel. Wenn man den Fernsehbildern trauen kann, hat der künftige Entwicklungshilfeminister einige Pfunde zugelegt. Fast quadratisch wirkt das neue Schwergewicht der Regierung, wenn man ihn sich aus diversen Limousinen wuchten sieht. Gibt das gute Bilder, wenn der Dicke zwischen afrikanischen Schulkindern schwitzt? Ein paar Kilo weniger könnten dem leidenschaftlichen Förderer der Dritten Welt ein glaubwürdiges Entree bei den Ärmsten der Armen verschaffen.

Wie das mit einfachen Mitteln geht, zeigen aktuelle Fotos von Günter Wallraff.

Schlitzwandlamellen

Wird die FDP in Nordrhein-Westfalen verschüttet? Ist Dr. Westerwelle der Peter Hartz der Herzen? Und wann wird Korruption in Köln Schulfach?

Dies sind nur drei der wichtigsten Fragen, welche derzeit den nationalen Diskurs bestimmen, um den Ball formulierungstechnisch mal flach zu halten. Aber die Schicksalswahl am 9. Mai, bei der das putzmuntere Völkchen an Rhein und Ruhr über die Zukunft mindestens des Planeten entscheidet, wirft ihre Schatten voraus. Ein besonders großer fällt dabei auf Dr. Westerwelle. Das 1-Mann-Dreigestirn aus Vizekanzler, Parteivorsitzendem und Außenminister hat mit einem radikalen Vorschlag die Welt wachgerüttelt: Hartz-IV-Empfänger sollen in der Arena Auf Schalke gegen Löwen kämpfen. Wie damals, im alten Rom.

Einerseits hat Dr. Westerwelle damit die Tierschützer gegen sich aufgebracht. Andererseits erhalten inzwischen 85 Prozent der Wahlberechtigten Hartz IV. Und die wählen natürlich nicht FDP. Aus Sicht des Erben von Genscher und Möllemann ein durchaus diskutabler Vorschlag, den Umverteilungsstaat auf diese Weise medienwirksam zu entlasten. Natürlich nur dort, wo kein sozialistisches Denkverbot herrscht. Sogar liberales Denkverbot wäre fehl am Platz, wenn es um die Zustände in Köln geht. Größte Stadt in NRW, viertgrößte in Deutschland und in Sachen Selbstwertgefühl Zentrum des Universums. Bisher hat sich das heilige Köln unter der Dreifaltigkeit von Siff, Pfusch und Klüngel in seiner Lebensfreude nicht kirre machen lassen. Wo immer in der »nördlichsten Stadt Italiens« große neue

Pläne geschmiedet wurden, war auch bald die Staatsanwaltschaft interessiert. Jetzt hat Köln der interessierten Öffentlichkeit das wunderbare Wort Schlitzwandlamelle geschenkt.

Gehört irgendwie zum U-Bahn-Bau und sollte in jedem Fall deutlich mehr Eisen enthalten als in der Domstadt. Es wird ermittelt. Das Stadtarchiv ist bereits eingestürzt (zwei Tote). Mit etwas Glück stürzen auch noch Schauspielhaus und Oper ein und ersparen dem Stadtrat weitere peinliche Aktionen zum Thema »Abriss oder Sanierung«. Wenn es bisher in Köln schicksalsmäßig ganz dicke kam, hielt entweder Christoph Daum einen Gottesdienst im Stadion ab. Oder man holte Poldi zurück. Daum ist weg, Poldi da (acht Minuten in Augsburg), aber ohne den Heimkehrer läuft's deutlich besser. Wer also rettet Köln? Westerwelle? Oder sein Pinkwart? Oder holt sich der Stadtrat gleich fachmännische Hilfe in Neapel? Kleiner Nachtrag: Die U-Bahn wird in Köln leicht teurer als erwartet. Eine Mrd. statt 500 Mio. Das ist auch durch Steuervorteile für Hotelbesitzer kaum reinzuholen. Immerhin werden diese 500 Mio. in Deutschland verbuddelt. Sie dienen also der Standortsicherung. Finanzielle Schlitzwandlamellen. Aber wäre nicht ein Hauch von spätrömischer Dekadenz eine Verbesserung, irgendwie?

Volk ohne Koch

Der Rücktritt von Roland Koch ist ein schwerer Schlag für Jürgen Trittin. Sehr langsam, fast bedächtig ließ der Grüne noch einmal alles von seinen Lippen tropfen, wofür er Koch in den vergangenen Jahren als Gegner geschätzt hatte: brutalstmögliche Aufklärung, kriminelle Ausländer, jüdische Vermächtnisse, schrottreife Kernkraftwerke.

Ein Profi wie Trittin weiß, dass ein politischer Gegner wie Roland Koch so schnell nicht wiederkommen wird. Wenn überhaupt. Mit brillantem Gespür für medienwirksame Themen und perfektem Timing hat Koch alle bei Laune gehalten. Freund und noch mehr Feind. Aber auch für die CDU ist Kochs Verzicht auf alle politischen Ämter ein herber Schlag. Nach dem Abgang von Friedrich Merz war er der Einzige, der noch wusste, wie rum man eine Lohnsteuerkarte hält. Deshalb schätzte ihn auch Peer Steinbrück (SPD), in seiner Partei ebenfalls der Einzige, der den Unterschied brutto/netto flüssig parat hatte.

Quo vadis, Roland Koch? Nicht einmal sich selbst hat der hessische Ministerpräsident bisher in seine Pläne eingeweiht. Denkbar sind Eröffnung von Autohäusern (Joseph Fischer), Einweihung von Pipelines (Gerhard Schröder) oder die Mitwirkung bei »Let's Dance« auf RTL (Heide Simonis). Und sucht nicht auch der hessische Weltkonzern Opel jemanden, der heikle Maßnahmen menschlich rüberbringen kann? Denn rein menschlich ist Roland Koch ganz anders. Da sind sich alle einig. Wie überhaupt die meisten privat ganz anders sind, als sie in den Medien rüberkommen. Darüber sollten sich die Medien mal Gedanken machen, jetzt, wo die konservative Stammwählerschaft ihre letzte Ikone verloren hat.

Wer taugt in der Union noch für Spitzenämter? Sei es bundespolitisch oder um international beispielsweise dem frech gewordenen Barroso mal Zahnpasta auf die Klinke zu schmieren. Christian Wulff? Zu weich. Jürgen Rüttgers? Zu erfolgreich in NRW. Horst Seehofer? Nach der Niederlage seiner Bayern im Champions-League-Finale nicht mehr tragbar. Bleibt die neue Wunderwaffe aus Stuttgart, Ministerpräsident Stefan Mappus. Für Nichtschwaben: eine Art Sigmar Gabriel mit Maultaschen. Bisher haben seine Forderungen bundespolitisch noch eher die Wirkung, wie wenn Sepp Maier was zur Nationalelf sagt. Das kann sich aber schnell ändern, vorausgesetzt, Mappus gewinnt im nächsten Jahr die Landtagswahl in Baden-Württemberg. Zwar ist die CDU dort per Landesverfassung unkündbar, aber selbst die schwäbische Hausfrau tickt immer häufiger grün. Und falls es für Schwarz-Grün nicht reicht, ist man dank Stuttgart 21 bald noch schneller in Brüssel.

Der Quereinsteiger

Lange nichts gehört vom Quereinsteiger. In den letzten Tagen gelangte er jedoch zu frischer Popularität. Das Amt des Bundespräsidenten ist unerwartet und viel zu früh vakant geworden. Und Horst Köhler war erwiesener Finanzfachmann in höchsten Positionen, damit galt er in der Politik als Quereinsteiger. Soll heißen: keine Ochsentour, keine Hinterzimmer, kein Stallgeruch. Auch kein Andenpakt, kein Seeheimer Kreis, nicht mal Umfeld Peter Hintze. Bisher hatten Quereinsteiger ein erstklassiges Image. Unverbraucht, kompetent und ohne die üblichen Spielchen der Politik. Frischer Wind durch alle Zeitfenster. Vorbei. Noch am Abend von Köhlers Rücktritt waren sich die Leistungsträger aller Parteien und Medien einig: Wegen so was tritt man nicht zurück! Man tritt eigentlich überhaupt nicht zurück. Man sitzt aus, steckt weg, zieht durch und hofft darauf, von den eigenen Parteifreunden gemeuchelt zu werden. Wichtigstes Utensil: das dicke Fell. Da waren sich alle einig.

Schlechte Zeiten also für Quereinsteiger, denn ab sofort sucht man wieder unter seinesgleichen. Einen Politprofi (m/w), der weiß, dass man hauptsächlich dorthin gehen muss, wo's wehtut. Der uns nicht im Stich lässt in diesen schweren Zeiten:

Ballack verletzt, Joop macht Feinripp, und die ARD muss den nächsten Eurovision Song Contest bezahlen. Da verliert es schnell mal das Vertrauen, das Volk, das demokratieverrückte.

Bleibt also die Hoffnung, dass unsere schmucken Verfassungsorgane bis zum WM-Start nicht weiterbröseln. Bis zum 11. Juni gilt es durchzuhalten, danach könnte hierzulande nicht einmal die Wiedereinführung der D-Mark durch Margot Honecker größere Aufmerksamkeit erzielen.

Keinesfalls soll das Sommermärchen aber vor dem Finale (11. Juli) durch folgende Meldung getrübt werden: Bundespräsident Christian Wulff überreichte heute dem Kabinett Merkel seine Entlassungsurkunde.

Russische Spione

Es gibt sie noch, die guten Dinge. Das FBI hat elf Personen verhaftet, die verdächtigt werden, als Spione für Russland in den USA tätig gewesen zu sein.

Nicht nur Romantiker dürfen an dieser Stelle ein Tränchen verdrücken. Spione! In den Zeiten von iPod und -Pad, Twitter, Facebook, SMS und weiß der Teufel, was. Wo dank Google Earth kein Grashalm auf der Glienicker Brücke unerkannt bleibt. Wehmütig fühlen wir uns in die Zeiten zurückversetzt, als das Wembley-Tor noch nicht gerächt war. Als das Stadion in Dortmund noch Kampfbahn Rote Erde hieß und man in der »Welt am Sonntag« noch Skat mit Wolfgang Mischnick spielen konnte. In diesen guten alten D-Mark-Zeiten spionierte der Russe, was die Pelzmütze hergab.

Fesche oder nicht ganz so fesche Männer hießen Mischa oder Günter und machten sich an einsame Sekretärinnen oder einsame Bundeskanzler ran. Später wurden sie ausgetauscht, und ihr Leben wurde verfilmt mit Vroni oder der Neubauer. Russland wurde regiert von Männern, die aussahen wie die Führungsspitze des DFB ohne die Philosophie von Jogi. Gerhard Löwenthal moderierte das »ZDF-Magazin«, und bei Schalten von Eduard Zimmermann ins Studio nach Zürich blieb es meist außergewöhnlich ruhig.

Es war eine schöne, sichere Welt, in der es zwölf Prozent Zinsen aufs Festgeld gab. Und heute? Wird das erste Ultraschallfoto vom Nachwuchs unmittelbar nach der Zeugung geposted. Lesen Freunde von militärischen Top-Informationen am besten den »Rolling Stone«. Erzeugt ein Bohrloch mehr Nachhaltigkeit als jeder Terroranschlag. Was, bitte, gibt's da noch zu spionieren? Fraglich auch, wozu das FBI die Agenten sieben Jahre lang beobachtet hat. Grundsätzlich ist jeder verdächtig, der als Immobilienmakler, Reisebürokaufmann oder Hausfrau in einer Vorortsiedlung lebt. Wozu kostspielig einen Spion einschleusen, wenn der Rentner aus der Nachbarschaft zweimal am Tag Gassi geht?

Wie zu lesen ist, haben sich die Russen im Gastland USA so sehr integriert, dass sie Immobilien kaufen wollten. Dies wurde von Moskau kalt abgelehnt. Und das bei den Zinsen! Geld in Zeitungspapier, identische Taschen in leuchtendem Orange und nächtliche Treffen in dunklen Parks – das ganze vertraute Repertoire haben die Spione abgewickelt. Nur den Code konnten sie sich nicht merken. Genau wie wir. Das macht sie so menschlich. Gewähren Sie Gnade, Präsident Obama. Solche Menschen singen die Nationalhymne mit.

Amtsmüde

Warum gehen so viele Politiker in den besten Jahren von der Fahne? Die Demokratie mit ihren ständigen Wahlen macht unsere Politiker kaputt.

Trotzdem rätseln viele Bundesbürger, warum gerade Politiker in den besten Jahren derzeit gehäuft die Segel streichen. Den Bettel hinschmeißen. Von der Fahne gehen. Wobei wissenschaftlich erwiesen ist, dass die besten Jahre bei Männern nahezu das ganze Leben umfassen. Dieser Hinweis muss erlaubt sein, stellte doch die ZDF-Reporterin Hansen forsch fest, Ole von Beust habe das letzte Lebensdrittel erreicht. Mit 55. Mehr als 81, 82 Jahre sind für den beliebten Hamburger wirklich nicht drin. Trotz der freien Wochenenden und des Sylter Reizklimas? Weiß man da beim ZDF mehr? Vielleicht auf heute.de?

Natürlich kommen der Kanzlerin in jüngster Zeit die Ministerpräsidenten schneller abhanden als Lothar Matthäus die Ehefrauen. Aber doch aus unterschiedlichen Gründen. Der eine hat noch was vor, der andere wurde abgeschoben nach Bellevue, ein dritter wurde – man muss es leider so unschön formulieren – abgewählt. Dies scheint doch der häufigste Grund zu sein, der hartgesottene Politprofis in Extremsportarten wie Brötchenholen oder Busfahren treibt. Und das im Zenit ihrer Leistungsfähigkeit.

Macht die Demokratie mit ihren ständigen Wahlen unsere Politiker kaputt? Nur Ignoranten und Menschen ohne Geschichtsbewusstsein können sich hier einem leidenschaftlichen Ja! verweigern. Demokratie in Kombination mit Presse- und Meinungsfreiheit vergällt unseren Eliten zunehmend die Lust am politischen Engagement.

Hat man je von einem Diktator gehört, er könne sich ein Leben außerhalb der Politik vorstellen? Wünschen sich weltweit irgendwo Tyrannen mehr Zeit für die Familie? Außer natürlich den traditionellen Familientyrannen. Aber von Einzelkindern bei Spätgebärenden soll an anderer Stelle die Rede sein. Ob Stalin, Napoleon oder Hitler – bis zum Schluss haben diese Figuren der Weltgeschichte buchstäblich für ihre Völker gebrannt. (Achtung! Nichts soll beschönigt werden! Hier werden auch keine Vergleiche gezogen! Der Autor strebt keine Karriere bei der Linkspartei an!) Trotzdem darf darauf hingewiesen werden, dass Fidel Castro selten von Sylt spricht und auf Kuba ganz zufrieden scheint.

Doch soll hier nicht nur von Tyrannen, Schlächtern und Irren die Rede sein. Dr. Theo Zwanziger zum Beispiel, der weit über die Grenzen seines Büros hinaus beliebte DFB-Präsident, hat verlauten lassen, er spüre eine tiefe Sehnsucht nach dem Privaten. Amtsmüdigkeit bei einem Mann, dem das deutsche Fußballvolk nahezu kultige Verehrung entgegenbringt? Der es dank seiner väterlichen Autorität und charismatischen Persönlichkeit soeben geschafft hat, dass Joachim Löw für mindestens zwei weitere Jahre den Jogi macht? Wenn Männer wie Dr. Zwanziger, der sich für sein soziales Engagement mehr Orden an die Brust heften könnte als ein Kim Jong Il, wenn solche Persönlichkeiten Amtsmüdigkeit andeuten, dann muss sich die deutsche Sportjournaille fragen lassen, ob sie Begriffe wie Ethos überhaupt im Wörterbuch findet. Zurücktreten!

Der Mediator

»Wenn es stimmt, was über ihn geschrieben wird, dann kann er nicht Bundestrainer werden.«

So hieß es vor vielen Jahren über einen Fußballlehrer, in dessen Haaren Shampooreste oder so gefunden wurden. Wenn es stimmt, was über ihn geschrieben wird, dann hat der Herr Bundespräsident unserer Demokratie einen neuen Beruf geschenkt: den Mediator. Klingt beim ersten Hinhören irgendwie nach Schwarzenegger, ist aber bisher doch eher bekannt aus Zivilstreitigkeiten und der Paartherapie.

Grob gesagt, soll der Mediator verhindern, dass es richtig dicke kommt. Im vorliegenden Fall war es so, dass Erfolgsautor Dr. Thilo S. den Wunsch verspürte, völlig freiwillig aus seinem Job bei der Bundesbank auszuscheiden. Erwartungsgemäß stellte sich die Bundesbank stur, denn einen der Besten lässt man nicht so einfach gehen. Das verhindert das Banker-Gen. Auch bildungsferne Schichten werden das begreifen. Was tun? Unkomplizierteste Lösung in so einem Fall: Das Bundespräsidialamt vermittelt.

Millionen von Deutschen kennen das: Ärger mit dem Vermieter? Zoff im Treppenhaus? Parken über zwei Flächen in der Tiefgarage? Null problemo – damit gehnwa nach Bellwüh! Dafür gibt's dort ne Drehtür, damit die Vermittlungssuchenden keine Zeit verlieren. Schon länger wird der erste Mann im Staat als eine Mischung aus Supernanny und Peter Zwegat gesehen. Staatsmotor war gestern – heute kümmert sich der Bundespräsident vornehmlich um die Sorgen und Nöte des kleinen Mannes. Natürlich ist er bei solchen

Sitzungen nicht persönlich anwesend. Das kennt man auch von anderen Mächtigen, wenn es was wirklich Wichtiges zu verhandeln gibt. Von Shakespeare bis Scorsese – dafür hat man seine Leute.

Der Häuptling selbst ist nie im Zimmer, vielleicht nicht mal im Haus. Häufig hat er sogar nicht mal gewusst, dass sich da jemand in seinem Namen versammelt hat. Ganz Große schauen zwischendurch mal jovial vorbei, gern in der Hausjoppe: »Ich wollt nur schaun, ob ihr alles habt.« Oder: »Brauchts ihr was?« Solche Sätze nehmen den Druck aus den Deals und entspannen. Gerade in Momenten, in denen die Grenze der Legalität sichtbar wird.

Dem Bundespräsidenten ist zu danken, dass sein Haus in Zeiten wachsender Politikverdrossenheit und Demokratiemüdigkeit mutige Bürgernähe zeigt. Die Medien sind aufgefordert, jetzt mal nicht alles schlechtzureden. Nichts darf beschädigt werden. Weder Amt noch Inhalt. Wir empfehlen: Raus aus Berlin, einfach mal ein paar Tage bei Freunden auf Malle die Seele baumeln lassen.

Monatliche Höhepunkte auf dem Apokalypsometer

Von Street View bis Treppenlift: Deutschland, soziologisch

Deutscher Obama

Über die Bedeutung von Barack Obama ist alles gesagt. Aber noch nicht von allen. Frei nach Karl Valentin.

Wichtigste Überlegung: Wie kriegen wir dieses Gefühl des Aufbruchs übern Teich rein in unser Land? Welcher deutsche Politiker reißt uns allein durch seine Reden so mit, dass wir bei Saukälte Tränen in den Augen haben? Und wo sind unsere Lincolns und Washingtons, auf die sich alle beziehen könnten in Sachen »Ärmel hoch und Staub abklopfen«?

Der Reihe nach. Wo kriegen wir einen deutschen Obama her: intelligent, bestens ausgebildet, Minderheit, Durchmarsch fast von null auf 100? Es mag überraschen, aber mit Bundeskanzlerin Merkel sind wir gar nicht so weit von diesem Ideal entfernt. Gut, sie ist natürlich nicht schwarz, aber eine Frau. Was ist die größere Sensation? Alle waren gerührt, als Obama die Geschichte von seinem Vater erzählte, der vor 60 Jahren im Washingtoner Restaurant vermutlich nicht bedient worden wäre. Frau Merkel wuchs in der DDR auf. Ich habe selbst mal gesehen, wie DDRlern im Restaurant in Budapest wieder der Teller weggezogen wurde. Der ungarische Kellner hatte sie irrtümlich für Westdeutsche gehalten.

In Sachen Ausbildung kann die Bundeskanzlerin locker mithalten. Sie ist Physikerin. Und ihr Weg an die Spitze war ebenfalls sehr zielstrebig, in wenigen Jahren von Kohls Mädchen ins Kanzleramt. Rhetorisch ist Obama unschlagbar, hat es gegenüber deutschen Politikern aber auch einfacher. Bei den Amerikanern läuft die Geschichte von der »Mayflower« bis heute geradlinig durch, irgendwie. Sicher, es gab unschöne Zwischenfälle, aber das fällt unter die Abteilung Staub abklopfen.

Auf welche historischen Väter sollte sich ein deutscher Politiker berufen? 70/71? Kann sich keiner mehr dran erinnern, fand außerdem in Versailles statt und könnte den Franzosen sauer aufstoßen. 1933? Na also, brauchen wir gar nicht weiter drüber zu reden. Gründerväter der BRD, jetzt zum 60.? Prima, aber wer war das noch mal? Und schwingt nicht immer mit, warum wir 49 wieder anfangen mussten?

Bei derart zwingender Beweisführung fällt auf, dass fehlender Obama-Spirit bei uns kein Problem der Politiker ist, sondern der Bevölkerung. Wären wir bereit, Hoffnung über Furcht zu setzen, wenn es von Cem Özdemir, Tarek Al-Wazir oder Dr. Philipp Rösler angeboten würde? Dafür kennen wir unseren »Hamlet« zu gut: »Furcht gibt Sicherheit« (Laertes zu Ophelia). Noch bedenklicher aber: die Künstler. Wo ist die deutsche Aretha Franklin? Ohne unseren Minderheiten zu nahe zu treten: Wo sollte man rhythmisch mitschnippen? Welchen Kulturkreis würde man musikalisch heimlich unter die Bettdecke nehmen?

Fazit: Wir empfehlen Fremdbegeistern für Obama. Unsere Politiker sind ganz okay. Die Bevölkerung kann sich noch steigern.

German Lässigkeit

Unsere Feuilletonisten sind böse auf ihr Volk: Anstatt sich stündlich auf mindestens den Weltuntergang vorzubereiten, nehmen die Deutschen die aktuelle Krise mit einer Gelassenheit, wie man sie bisher allenfalls den Italienern beim wöchentlichen Regierungswechsel zubilligte.

Kein Wunder, dass die Amerikaner (Hauptschuldige am Schlamassel, Anm. d. Verf.) bereits von der German Lässigkeit sprechen. How comes?

Der Deutsche an sich gehört weltweit zu den Spitzenkräften im Bereich des Überstehens von Weltuntergängen. 33, 45, 89 – hurra, wir leben noch! Bisherige Katastrophenszenarien erwiesen sich als vorübergehend (verstrahlter Blumenkohl, Waldsterben, Rinderwahnsinn). Trotz monatlicher Höchstwerte auf dem Apokalypsometer und Horrormeldungen aus dem Gesundheitswesen werden die Deutschen so alt wie nie zuvor in ihrer Geschichte.

Das Land hat einen derartigen Wohlstand erreicht, dass der durchschnittliche Theaterintendant schon bei leichter Kritikerschelte nach fünf Jahren entnervt hinwirft. Auch ist niemand bereit, für knapp 11 000 Euro im Monat Oberbürgermeister von Köln zu werden. Dass die angebliche Krise die mutmaßliche Realwirtschaft erreicht, ist ohne Belang, da kaum noch Deutsche in der Realwirtschaft beschäftigt sind. Wer auf sich hält, schäumt mit Laptop in Mitte Milch auf oder twittert, was der Blog hält.

Hinzu kommt, dass viele Deutsche sich schämen. Dafür, was sie vor Jahren Hilmar Kopper angetan haben.

Der Spitzenbanker erlebt gerade ein furioses Comeback, begreift doch mittlerweile auch der Dümmste, wie Recht Kopper damals mit 50 Mio. als Peanuts hatte. Für 50 Mio. kann Steinmeier bei Opel nicht mal die Hutablage retten. Während die Deutschen sich in ihren Herzen ein ewiges Sommermärchen bewahrt haben, sieht man in den Feuilletons alle bedroht: Demokratie, Wohlstand, Rechtsordnung und Breitkopfotter. Verglichen mit der Stimmung dort machen die apokalyptischen Reiter Dressur. Wir aber wollen nur, dass der Frühling bleibt und ein Hammerspiel Barcelona–Bayern. Und dann mit dem Surfbrett in die Sintflut!

Wachstum

Haben wir Deutschen da etwas missverstanden? Während unsere Wirtschaft schrumpft, werden wir selbst immer dicker und größer. Es wird Zeit, der geneigten Leserschaft die Zusammenhänge deutlich zu machen.

Beginnen wir mit der Konfektionsgrößenlüge. Hilfe, ich passe nicht mehr in meine Jeans! Millionen von Frauenzeitschriften müssten eingestellt werden, gäbe es nicht diese Schlagzeile. Regelmäßig im Frühjahr wurde den Leserinnen eingeredet, unkontrollierte Nahrungszufuhr hätte beim Reißverschluss zu Zahnausfall geführt. Oder den Hosenknopf bei überraschenden Bewegungen zum Unguided Missile werden lassen.

Jetzt hat die Bekleidungsindustrie zugegeben: Die Größen waren falsch berechnet! Im Grunde kann jede deutsche Frau Hüfthosen Größe 38 tragen. Vorausgesetzt, man korrigiert das bisherige Ideal von der Bohnenstange und passt Größe 38 auf die durchschnittliche 80-Kilo-Mutti an. Mit einer Laserpistole sind in jeder Eisdiele und an jeder Dönerbude die neuen Durchschnittswerte für Frauen ganz unkompliziert zu ermitteln.

Noch einfacher verhält es sich beim deutschen Mann. Jeder, der mit offenen Augen durch unsere Fußgängerzonen geht, wird bestätigen: Deutsche Männer halten zwischen dem 18. und 68. Lebensjahr konstant ihr Gewicht! Sonst würde ja die Jeans, gekauft bei der Premiere von »Easy Rider«, nicht auch noch heute passen wie angegossen. Dass Fleischlappen aus der Rückenpartie vereinzelt die Gesäßtaschen abdecken, liegt am schwachen Gewebe.

Und das Wirtschaftswachstum? Ist dank der Abwrackprämie auf einem guten Weg. Unsere Straßen sind voll von nagelneuen Elektroautos, denn Kaufbereitschaft und Umweltbewusstsein sind hierzulande untrennbar verbunden. Je nach führendem Wirtschaftsinstitut hat die Krise mal die Talsohle erreicht oder mit der Bodenbildung begonnen. Auch Silberstreifen am Horizont wurden schon gesehen.

Seit ihnen die Hosen wieder passen und spack sitzende Polohemden in der richtigen Größe geliefert werden, gehen die Deutschen beneidenswert lässig mit der Krise um, die ihnen sowieso nur die konsumgeilen Amis eingebrockt haben. Am entspanntesten sind eindeutig die Kunden von T-Mobile. Die bleiben jetzt schon ganze halbe Tage von jeder Art von Nachrichten verschont.

Deutscher Frühling

Auch das noch! Karl-Heinz Kurras war bei der Stasi! Wie wird sich das jetzt auf seine Zukunft auswirken?

Rentenkürzung oder nächster Präsidentschaftskandidat der Linkspartei? Alles scheint möglich, denn Berlin insgesamt wirkt nervös und überhitzt.

Zum Glück lässt sich der große, entscheidende Teil der Bevölkerung davon nicht beeinflussen. Während in der Hauptstadt eine Feierlichkeit aufgrund irgendwelcher Jubiläen die nächste jagt, leben die Menschen draußen im Land unbeirrt ihr Leben weiter, als hätte Schalke grade den UEFA-Cup gewonnen.

Unsere ehrenamtliche Kontrollfahrt in Sachen Lage der Nation führte uns diesmal durchs nördliche Ruhrgebiet. Bereiche Recklinghausen, Haltern, Dorsten, Gladbeck. Ein Sonntag, der Tag nach der Wiederwahl von Bundespräsident Köhler. Wichtigster Eindruck: Erdbeerfelder sind die neuen Felder der Ehre. Alternativ auch Spargelfelder. Werktätige machen am Tag des Herrn den Rücken krumm, als wäre man in einem kambodschanischen Reisfeld. Was geschieht mit den gefühlten Tonnen von Erdbeeren? Wer spricht von essen, pflücken ist alles!

Zweiter Eindruck: Im ehemaligen Herzland der ehemaligen SPD investiert man nicht in Häuser, sondern in Autos. Nix Protziges, viel Japaner, Golf und kleine BMW, aber aufgehübscht mit viel Liebe zum Detail. Speichen, Radkappen, Nackenstützen – da zeigt sich viel Wille zur Gestaltung.

Kulinarisch viel Vertrautes aus der nach wie vor existierenden alten Bundesrepublik. Griechen, Italiener,

Döner. Jagdstuben und Schnitzelparadiese. Aber auch, unvermutet hinter einer Kurve, indische Spezialitäten. In den Plastikstühlen davor Frauen mit Oberarmen, als hätte es Michelle Obama nie gegeben.

Fazit: Deutschland ist ein kerngesundes Land. Mit seinen Eichen, seinen Linden. Was stört, sind Meldungen aus Berlin.

Verteilungskämpfe

Deutschland ist verschuldet bis unters selbst ausgebaute Dach. Als Konsequenz stellt uns Finanzminister Peer Steinbrück Verteilungskämpfe in Aussicht. Unabhängig davon, wie die Wahl im September ausgeht. Denn Schulden sind für alle da.

Was also bedeutet der etwas technokratisch rüberkommende Begriff Verteilungskämpfe? Positiv gesprochen, dürfen wir uns auf einen Bürgerkrieg einstellen. Oder eine Revolution. In beidem haben wir in Deutschland noch erheblichen Nachholbedarf. Außer vereinzelt frech werdenden Studenten im 19. Jahrhundert war da nicht viel.

Touristisch wäre es für künftige Generationen ein erheblicher Gewinn. Man denke nur an Frankreich oder die USA. Wo früher Köpfe rollten, werden heute Schulklassen durchgeschleust. Selbst die Schweiz (Tell) oder Südtirol (A. Hofer) verdanken ihren Rebellen Unsummen durch Souvenirverkauf oder irgendwelche Freilichtspiele in feuchten Gemäuern.

Wer aber kämpft in Deutschland gegen wen? Für den Start kämen drei Gruppen infrage: Rentner, Singles und junge Familien. Wobei die Rentner eindeutig im Vorteil wären. Stellen sie doch die größte Gruppe dar und sind finanziell üppig ausgestattet. Vermutlich sind bis zum 27. September 50 Prozent der Bevölkerung im Ruhestand. Denn es ist anzunehmen, dass die Regierung noch vor der Wahl das Renteneintrittsalter auf 52 senkt. Rente mit 67 ist unpopulär und könnte im nächsten Jahr wieder rausgekramt werden. Wenn dann nicht schon geschossen wird.

Schadet eine Revolution der Kaufkraft, jetzt, wo die Deutschen in so blendender Kauflaune sind? Natürlich nicht! Stichwort Wiederaufbau! Jeder weiß, dass wir unsere wirtschaftlich besten Jahre nach dem Krieg hatten. Diesmal hätte es einen weiteren Vorteil: Ohne ausländische Beteiligung bleibt das Geld im Land.

Wird im Bürgerkriegsfall die Mehrwertsteuer erhöht? Auf keinen Fall. Dies würde gerade kleinere und mittlere Revolutionäre treffen und könnte den dringend benötigten Aufschwung bremsen.

Und wie denkt man in Brüssel über eine Revolution in Deutschland? Durchaus positiv. Wir gelten als verlässlicher Partner im Herzen Europas, der mit schadstoffreduzierter Guillotine und hybridgetriebener Zimmerflak nicht nur ökologisch eine Vorreiterrolle spielt.

Also: An die Waffen, Bürger! Vorher bitte Akku laden nicht vergessen, denn ohne Blog und Twitter könnte das Ausland vielleicht nichts mitbekommen. Wäre schade für das Hotel- und Gaststättengewerbe.

Schonvermögen

Union und FDP haben Verbesserungen der Lage von Hartz-IV-Empfängern beschlossen. In Zukunft sollen 750 Euro pro Lebensjahr unangetastet für die Altersvorsorge bleiben.

In diesem Zusammenhang lesen viele von uns zum ersten Mal den Begriff Schonvermögen. Hierbei handelt es sich einerseits um die angesparte Altersvorsorge. Andererseits um das eigene Heim. Hier galten bisher 80 qm in einer Eigentumswohnung als schonenswerte Obergrenze. Allerdings muss jetzt den veränderten Lebensgewohnheiten unserer Gesellschaft Rechnung getragen werden. Mit 80 qm kommt vielleicht eine sechsköpfige Familie zurecht. Singles oder gleichgeschlechtlichen Lebensgemeinschaften – die häufigsten Lebensformen der Moderne – kann Derartiges nicht zugemutet werden.

Deshalb hat die bürgerliche Koalition (noch sind damit CDU und FDP gemeint, Anm. d. Verf.) jetzt das Eigenheim generell unter Schutz vor Anrechnung gestellt.

Auch sollen künftig mehr als 100 Euro pro Monat hinzuverdient werden dürfen. Sicher ein starker Anreiz, sich hurtig um Wiedereingliederung in den Arbeitsmarkt zu bemühen. Denn in unseren öffentlichen Kantinen trifft man immer öfter auf einen neuen Typus: den zufriedenen Arbeitslosen. Menschen, die sich im System der Transferleistungen eingerichtet haben, ja es geradezu virtuos beherrschen. Nichts zu spüren von Jammern oder Anklage. Solche Menschen sind businessmäßig im Sozialstaat unterwegs.

Randvoller Terminkalender, von Amt zu Amt. Solche Staatsbürger des modernen Zeitalters schimpfen nicht auf den Sozialstaat, sie bewegen sich in ihm wie der Fisch im Wasser. Da inklusive Rentnern bereits etwa 30 Millionen Deutsche in irgendeiner Form von Transferleistungen profitieren, könnte diese Gruppe bald zur eigentlichen Elite von Leistungsträgern werden.

Insofern sollte die neue Regierung Menschen nicht völlig vergessen, die am unteren Ende der sozialen Skala stehen: Unternehmerwitwen, vorbestrafte Manager oder ehemalige Privatbanker. Schon ist hier von Gattinnen zu hören, die sich aus Angst vor Spott und Häme nicht mehr in die Kirche trauen. Gilt das Schonvermögen auch für Schlösser? Wie wird eine Jagdpacht in der Eifel verrechnet? Gerade die FDP sollte hier darauf achten, ihre ehemals treuesten Wähler vor der neuen sozialen Kälte zu schützen.

Der Stoiker

2010 wird kein Zuckerschlecken. Staatsverschuldung, Terroranschläge und Schumi-Comeback: Gerade den Deutschen könnte es fürs kommende Jahr angst und bange werden.

Zeit also, den Wirrnissen des Lebens mit etwas mehr Ruhe und Gelassenheit zu begegnen. Zeit, sich mit einer philosophischen Richtung zu beschäftigen, die in diesen Tagen eine auffällige Wiederentdeckung erlebt: die Stoa.

Klingt irgendwie nach Steven Spielberg, stammt aber aus dem alten Griechenland, gute 2300 Jahre vor Otto Rehhagel. Sind Sie ein Stoiker? Sind Sie sich der Endlichkeit des Daseins bewusst, und leben Sie jeden Augenblick, als ob es der letzte wäre?

Die folgenden der 15 Warnzeichen zeigen Ihnen, dass Sie in puncto Seelenfrieden eventuell noch an sich arbeiten müssen.

1. Sie schreiben Leserbriefe.
2. Der Ausgang der Klimakonferenz in Kopenhagen beunruhigt Sie.
3. Sie wollen sich in den nächsten 30 Jahren einschränken, um Ihre Doppelhaushälfte abzahlen zu können.
4. Sie halten Banker für gieriger als den Rest der Bevölkerung.
5. Die Ampel springt auf Grün. Vor Ihnen legt einer erst jetzt den Gang ein. Sie schreien: »Fahr doch, du Trottel!«
6. Beim Small Talk im Stehimbiss verwenden Sie Begriffe wie Polkappen, Meeresspiegel oder Ozonschicht.

7. Ein guter Freund erkrankt an Lungenkrebs, obwohl er nie geraucht hat, das empfinden Sie als ungerecht.
8. Bei einer privaten Geburtstagsfeier sind Sie Tischnachbar von Kofi Annan. Obwohl Sie nur Schauspieler sind, äußern Sie sich zu den Themen Menschenrechte in China, im Iran und über die Rolle des Sudan am 11. September. Als Kofi Annan daraufhin erwidert, bei Dinners habe er immer wieder Schwierigkeiten mit der Reihenfolge des Bestecks, sind Sie menschlich schwer enttäuscht.
9. Sie sind der Meinung, dass die kommende WM generell einen Riesenschub für Afrika bringen wird.
10. In Ihrem Haus wird ständig umgebaut, renoviert und erweitert.
11. Sie kaufen sich eine schwarze Hornbrille und schreiben ein Buch über den Tod Ihrer Mutter.
12. Beim zweiten Steak während einer Grillparty rufen Sie mit vollem Mund: »Mein Gott, geht's uns gut!«
13. Angesichts von so viel Hunger in der Welt halten Sie den Stoiker-Leitspruch »Entsage und ertrage« für total zynisch.
14. Sie halten Richard David Precht für einen Philosophen.
15. »Den Koreanern müssen wir den Arsch aufreißen« ist die harmloseste Formulierung, die Sie im Großraumwagen des ICE in Ihr Handy brüllen.

Und wo bleibt das Positive? Auch davon soll hier die Rede sein. Sie haben in Sachen Stoizismus durchaus schon eine gewisse Meisterschaft erreicht, wenn Sie das Ende Ihrer Privatbank mit den Worten begleiten: »Es kann nicht immer alles gelingen.«

Großartiges Griechenland

Die Euro-Staaten haben die Weichen für Finanzhilfen an das hoch verschuldete Griechenland gestellt. Brüssel plant eine gemeinsame und zentral koordinierte Hilfsaktion. Alle Euro-Staaten sollen sich daran beteiligen, vorneweg natürlich Deutschland. Das ist gut so.

Deutschland als größtes Mitgliedsland kann ruhig auch den größten Beitrag leisten. Denn erstens haben wir selbst kaum Schulden. Und zweitens haben wir den Griechen unendlich viel zu verdanken.

Jeden humanistisch interessierten Deutschen muss es schmerzen, wie die Medien hierzulande in den letzten Wochen mit der stolzen griechischen Nation umgesprungen sind. Allein die Frage, wie es zur enormen Verschuldung Griechenlands kommen konnte, ist eine Frechheit. In unzähligen Kommentaren, Mails und Leserbriefen empörter Griechen wurde darauf hingewiesen, was Griechenland bereits der Welt geschenkt hatte, als die Deutschen noch auf den Bäumen hockten. Das können wir nur bestätigen.

Und als die Deutschen dann spät, aber doch von den Bäumen herunterkamen, haben sie schlimme Verwüstung angerichtet. Auch darauf wurden wir in letzter Zeit des Öfteren hingewiesen. Nun sind historische Schuld und aktuelle Schulden durchaus zwei verschiedene Paar Sandalen. Aber wir nehmen die Hinweise und Vergleiche trotzdem dankbar zur Kenntnis. Wer schon vor mehr als zweitausend Jahren Großes geleistet hat, kann auch heute so falsch nicht liegen. Wann also dürfen wir Peter Zwegat Richtung Akropolis schicken, um uns zumindest ein wenig erkenntlich zu zeigen? Denn wer sonst als Deutschlands bekanntester Schuldnerberater könnte die Sache lösen? Wer mit geistig einfach gestrickten Deutschen zurechtkommt, der könnte mit einer von Haus aus blitzgescheiten Nation zu wahren Höhenflügen ansetzen.

Anders als bei doofen Deutschen muss Zwegat nicht damit rechnen, dass Griechenland haufenweise unbezahlte Rechnungen in Plastiktüten hinter der Couch vorzieht. Monatliche Handy-Rechnungen über Tausende Euro? Zwei Pferde für die arbeitslose Tochter? Drei Familienautos auf Kredit? Bei einer Kulturnation schlichtweg undenkbar. Nahezu von griechischer Lebenskultur ist der Zwegat'sche Lösungsansatz: eine Tasse Kaffee, eine Zigarette, die Krawatte gelockert. Und dann wird versucht, mit den Banken zu reden (macht die EU), oder ob der Onkel noch mal 5000 spendiert (macht die Tante BRD). Wir sind sicher, dass das Gute, Reiche und Schöne wieder zusammenfindet. Dann kann Peter Zwegat auch wieder aus der Sonne gehen.

Industrie in Not

Die deutsche Industrie beschäftigt inzwischen weniger als fünf Millionen Menschen. Diese schockierende Nachricht erreicht uns jetzt als Pressemitteilung Nr. 100 des Statistischen Bundesamts.

Schuld daran können nur die Talkshows sein, in denen ständig die Dienstleistungsgesellschaft verherrlicht wird. Gerade junge Menschen mit ihrem hormonell bedingten lockeren Lebenswandel arbeiten natürlich lieber als Friseur oder Kellner. Wozu an ölverschmierten Maschinen in zugigen Hallen stehen, wenn man nach dem Aufstuhlen noch locker im Kollegenkreis einen Absacker nehmen kann?

Montags frei, statt sich fürs Montagsauto anpfeifen zu lassen – diese Vorstellung macht unsere Autoindustrie chancenlos gegen die Welt des Friseursalons mit ihrer hippen Mischung aus Apps und Latte. Dazu kommt noch der Neid des Auslands auf unseren Platz eins in der Kategorie Exportweltmeister mit Menschenrechten. Von welchen privaten Problemen (schlimme Gerüchte!) will Frankreichs Präsident Sarkozy ablenken, indem er plötzlich eine Kohlendioxidsteuer erfindet? Das richtet sich doch gegen deutsche Luxuslimousinen, mit denen sich vor allem ausländische Prominenz gerne durch Paris kutschieren lässt.

Natürlich sendet auch unsere Regierung die falschen Signale. Banker zum Beispiel sind heute das, was früher mal Kröten für die Grünen waren: Rettung, wohin man schaut. Da versemmelt man doch schnell mal ein paar Milliarden, wenn hinterher der Staat eingreift.

Im Baugewerbe dagegen kann man sich nicht mal die kleinste Ungenauigkeit erlauben.

Kaum stürzt irgendwo die U-Bahn ein, wird gleich der Chef gefeuert. Klar, dass junge Menschen sich da eher in der Londoner City sehen. Zumal das Image des Investmentbankers deutlich cooler ist als das eines Maschinenbauingenieurs. Hier Models, Drinks und breite Hosenträger – dort Sicherheitsschuhe, Arbeitshelm und noch die gleiche Frau wie auf der Abi-Fahrt. Gibt es also gar nichts Positives? Doch! Der traditionell prickelnde Bereich der Herstellung von Nahrungs- und Futtermitteln meldete eine Steigerung von 1,7 Prozent! Das klingt nach Nachhaltigkeit. Wer futtert wie ein Arbeiter in der Schwerindustrie, muss ja nicht gleich als solcher arbeiten. Fertigpizza für Frauchen und dreimal täglich Nassfutter für die Katze – hier isst zusammen, was zusammengehört.

Bedenkt man weiterhin den demographischen Faktor unter Berücksichtigung der Tierliebe, so eröffnet sich hier eine gigantische neue Perspektive: der Fachingenieur für Seniorenzubehör. In unseren Heimen ist die 3,5-Liter-Windel schon jetzt ein Renner, da sollte der selbst reinigende Vierbeiner in naher Zukunft machbar sein. Biologisch, genetisch und ethisch. In der Zeit, die beim Gassigehen gespart wird, können die rüstigen Rentner dann der integrationswilligen Migrationselite beim Ingenieurstudium helfen. Deutschland, Land der Ideen!

Statuspanik

Deutschland steht am Rande eines Bürgerkriegs. Dieses Urteil scheint noch milde, wenn wir die Warnungen ernst nehmen, die uns vom Deutschen Institut für Wirtschaftsforschung (DIW) erreichen. Der Mittelstand bricht weg. Die Schere zwischen Reich und Stinkreich klafft fast schon so weit auseinander wie die zwischen Superreich und Bettelarm. Große Teile unserer Städte sind auf dem direkten Weg zum Slum. Ihre Bewohner haben sich von fast allem verabschiedet. Staat. Demokratie. Rechtschreibung. Die Eliten sind sehr unzufrieden mit der Politik. Eine deutsche Spezialität. Denn in anderen Ländern wird die Politik direkt von den Eliten betrieben. Die Elitärsten aus den Eliten sind so verzweifelt, dass sie freiwillig mehr Steuern bezahlen wollen. Sie bitten nachdrücklich um eine Anhebung des Spitzensteuersatzes. Starke Schultern, schwache Schultern und so.

Dass die Eliten mehr Steuern bezahlen wollen, ist moralisch erste Sahne. Von den Reichen ist Derartiges bisher nicht bekannt. Was vielleicht auch daran liegt, dass kaum ein Reicher in Deutschland Steuern bezahlt. Entgegen landläufigen Ansichten übrigens auch nicht anderswo. Der Reiche an sich zahlt so gut wie gar keine Steuern. Sonst wär er ja nicht reich.

Bleibt also der Mittelstand. Das sind in Deutschland gut 60 Prozent. Deshalb geht's uns ja so gut. Noch. In diesen Tagen ist der Mittelstand wieder besonders gut zu erkennen. Er hat Fähnchen am Auto. Weil er sich die bald nicht mehr leisten kann, hat er Statuspanik. Falls nicht, ist er voll ausgerüstet beim Public Viewing.

Perücke, Fanhut, Flagge – 100 Euro kommen da schnell mal zusammen. Aber das war, bevor das große Wegbrechen begann. Da legte sich der Mittelstand noch mal schwer ins Zeug, um ein picobello Sommermärchen zu inszenieren. Ein Wunsch der scheidenden Regierung. Ein fröhlich dekorierter Mittelstand ging ihr über alles. Der eigenverantwortliche Bürger auf der Fanmeile zeigte auch dem Ausland: Da schau her, Ausland, wir sind wie du!

Wir sind den Experten des DIW dankbar, dass sie uns die nackte Wahrheit nicht vorenthalten haben. Denn die eigenen Augen hätten leicht ein falsches Bild entworfen. Fußgängerzonen: voll mit Einkaufstüten. Biergärten und Straßencafés: schon mittags kein freier Platz mehr. Smartphones: Warteschlangen. Autobahnen: Stau. Billigflieger: überfüllt.

Jetzt wissen wir: alles Trugbilder, welche das unfassbare Elend in einem der ärmsten Länder übertünchen. Aber Hoffnung keimt. Bodenschätze im Wert von Billionen werden in Afghanistan entdeckt. Bergbau pur, was fehlt, sind Kumpel. Hallo, Saarland!? Hallo, NRW?! Runter mit eurem Know-how an den Hindukusch!

Wir retten eine unserer traditionsreichsten Branchen, sparen uns Milliardensubventionen, und samstags geht's zum Fußball »auf Kabul«. Der Rest ist nicht mehr arbeitslos, sondern hat WM-frei: Deutschland, Land der Ideen!

Rente mit 67

Die Bundesregierung hält an der schrittweisen Einführung der Rente mit 67 fest. Damit widerspricht Bundesarbeitsministerin Ursula von der Leyen (CDU) den Forderungen von SPD-Chef Sigmar Gabriel.

Dieser hatte gesagt, solange es nicht gelinge, den Anteil älterer Beschäftigter zu erhöhen, könne die Rente mit 67 nicht von 2012 an erhöht werden.

Und was ist mit dem Dachdecker?

Denn wem fiele bei diesem Thema nicht der Dachdecker ein samt seinem Erfinder Kurt Beck? Neben Weinkönigin ist Dachdecker der häufigste Beruf in Rheinland-Pfalz. Dort sind bald Wahlen, was aber eigentlich überflüssig ist. Denn jeder, der in Rheinland-Pfalz die Leber auf dem rechten Fleck hat, möchte Kurt Beck als Landesvater haben. Kurt Beck ist der Dachdecker der Herzen.

Begeistert winken ihm FCK-Fans und Nürburgring-Investoren zu, wenn er ihnen auf seinen Fahrradtouren begegnet. Meist auf der Deutschen Dachdeckerstraße zwischen Mainz und Kaiserslautern.

Über alle Parteigrenzen hinweg ist man sich einig: Kein anständiger deutscher Dachdecker soll bis 67 dachdecken müssen. Selbst die FDP will 67-Jährige nur noch auf Flachdächern bei Hotelneubauten zulassen (voller Mehrwertsteuersatz). Aber was ist mit den anderen? Mit Ärzten und Lehrern? Köchen und Kellnern? Journalisten und Prostituierten?

Nehmen wir als willkürliches Beispiel den Chirurgen. Ruhige Hand am Skalpell – schön und gut. Aber kann ein 80-jähriger Klinikchef am Krankenbett nicht so viel würdevoller die Endlichkeit des Daseins vermitteln als ein hektischer Schnösel Anfang 30? Schrieb Goethe den »Faust« mit 22? Wann wurde Adenauer Kanzler? Wie alt war Mozart, als ... gut, es gibt Ausnahmen.

In unserer lässig und entspannt alternden Gesellschaft ist es unumkehrbar, dass künftig die epochalen technischen Entwicklungen von der Generation 70plus gemacht werden. Vom Street View zum Treppenlift dürfte es für Google nur eine kleine virtuelle Stufe sein.

Wer Menschen bis 67 und darüber hinaus Arbeit ermöglicht, leistet wertvollen Dienst am Gemeinwesen. Er verhindert, dass sich bildungsgeile Oldies an den Universitäten breitmachen, wo sie heute schon nerven (Stichwort: »Ich war Zeitzeuge«). Er hält sie fern von Supermarktkassen und ICE-Gängen. Das Wattenmeer und die deutschen Mittelgebirge kriegen wieder Luft. Längere Arbeitszeit sichert unser Rentensystem.

Das Thema kürzere Lebenszeit soll erst nach den Wahlen angegangen werden.

Fünf Euro

Tabak, Alkohol und ein warmes Essen – das sind die Grundpfeiler unseres modernen Sozialsystems.

Und natürlich die Würde. Wobei den aufmerksamen Beobachter irritiert, dass nur das warme Essen (mittags) als unerlässlich gilt, Tabak und Alkohol hingegen als verzichtbare Luxusgüter gewertet werden. Zumindest in der neuen Berechnungsgrundlage für Hartz IV.

Gerade der lebhafte öffentliche Diskurs in Parkanlagen, Bahnhofsunterführungen oder Trinkhallen scheint durch Bier und Zigaretten befeuert zu werden. Wenn nicht überhaupt erst ermöglicht. Blockiert die Medizinerin von der Leyen hier nicht die Teilhaber einer immer größer werdenden Bevölkerungsschicht, wenn sie Alkohol und Nikotin nur unter Suchtgesichtspunkten sieht?

Ebenso befremdet die fast philosophische Überhöhung des warmen Mittagessens. Warm allein reicht nicht. Gemeint sein kann hier nur die liebevoll von Mutti/Vati zubereitete Ballaststoffnahrung. Denn warm ist auch der Fertigfraß aus der Mikrowelle. Viele Kritiker halten die Erhöhung des Regelsatzes um fünf Euro für einen Tritt gegen die Menschenwürde von Langzeitarbeitslosen. Natürlich gibt's für fünf Euro nicht mal einen Gin Tonic in Mitte. Aber vielleicht eine Patenschaft für Manolo in Manila, der davon mehrmals am Tag warm essen kann.

Eine Milliarde Euro pro Jahr für Hartz-IV-Empfänger muss ja auch hierzulande erst erwirtschaftet werden. Hauptsächlich natürlich von denen, die dank Abstandsgebot davor geschützt werden, dass ihnen

Hartz-IV-Empfänger hinten drauffahren. Einkommensmäßig.

Wer täglich als Friseurin Haare färbt oder in der chemischen Reinigung Hemden sortiert, möchte zumindest brutto mehr verdienen als Langzeitarbeitslose. Denn der Anreiz, sich möglichst rasch wieder nach einer geregelten Tätigkeit umzusehen, soll nicht völlig verloren gehen. Darin sind sich alle Politiker einig.

Umso wichtiger ist Bildung. Dafür ist das neue Paket ab 2011 gedacht. Jährlich mindestens 250 Euro pro Kind. 70 Euro für Ranzen und Taschenrechner bei Schuljahrsbeginn, 30 Euro im zweiten Halbjahr (wenn dieses erreicht wird). 120 Euro beispielsweise für Schlagzeugunterricht oder Mitgliedschaft bei den Sportschützen. Damit die soziale Schere nicht weiter auseinanderklafft und der soziale Graben nicht tiefer/breiter wird.

Darüber hinaus gibt es jede Menge Sonderregelungen für Rollstuhlfahrer, Diabetiker, Neurodermitiker. Auch an Krebs, Aids und Niere ist gedacht. Wir am Existenzmaximum sind gern bereit, unseren Beitrag für eine solidarische Gesellschaft zu leisten. Tatkräftig und dynamisch. Deshalb Vorsicht auf dem E-Roller!

»Gehälter, die Kontostand und Bankleitzahl ununterscheidbar machen.«

Wirtschaft im Serviceparadies: Schwaben und andere Eliten

Traurige Manager

Was ist bloß mit unseren Managern los? Gerade noch dynamisch bis zum Umfallen, verbreiten sie plötzlich Pessimismus, dass einem angst und bange werden könnte.

10000 gestrichene Stellen, Rezession, dramatisches Weltwirtschaftsklima – das sind noch die positivsten Begriffe. Wie ernst steht es um unsere Wirtschaftselite, wenn ihr angesichts ein paar wackliger Banken schon die Düse geht?

Wann bitte haben die Herren Vorstände zum letzten Mal persönlich getankt? Einmal Super voll, das waren bei einem popligen Achtzylinder letzten Herbst noch runde 130 Euro (Reichweite 458 km, nur geringfügig weiter bei Motor aus auf der A1 von Wuppertal runter Richtung Kreuz Leverkusen). Mittlerweile gibt's dafür auf einen Hunderter fast 25 Euro raus.

Krise? Autoindustrie muss dringend angekurbelt werden? Schon passiert! Die wenigen, die noch ein Auto kaufen, erleben plötzlich das Serviceparadies. Käffchen schon am Eingang, Rabatte in der Höhe von SPD-Wahlergebnissen – und plötzlich der Anruf: Der neue Schlitten ist sechs Wochen früher lieferbar als erwartet. Man hat ja, hüstel, hüstel, gerade nicht so viel zu tun. Wo ist hier ein Problem?

Und wann endlich traut sich die Politik, den Wählern zu sagen: Ihr seid von der Bankenkrise gar nicht betroffen! Das regeln wir intern (Bad Bank!), und wenn eine Bank zusammenkracht – wurscht! Die meisten machen eh online.

Kein Wunder auch, dass die schlimmsten Horrormeldungen vom Weltwirtschaftsgipfel aus Davos kommen. Alkohol und dünne Luft trüben die Wahrnehmung. Wir, dicht an dicht in stickigen Brauhäusern und Dönerbuden, wissen nach dem fünften Pils: alles halb so wild. Schließlich ging's der FDP noch nie so gut wie jetzt. Und die verstehen was von Wirtschaft.

Nächste Runde auf mich!

Schwaben

Niemand ist in Berlin so verhasst wie die Schwaben. Mehrfach hat uns diese Meldung irritiert. Zeit also, einen der großartigsten Stämme weltweit durch nichts als unwiderlegbare Fakten zu würdigen. Fangen wir an mit dem Fußball. Wer hat Hertha in die Weltspitze geführt? Manager Hoeneß, der Dieter. Ulm. Schwabe. Hat Supertrainer aus der Schweiz und Megastürmer aus der Ukraine geholt. Meisterschaftsfavorit. Wer leitet das tollste Theater Berlins? Claus Peymann! Chef des Berliner Ensembles. Erhielt seine Prägung als Theaterdirektor in Stuttgart. Hat er das je raushängen lassen? Nein! Weil er zu bescheiden ist. Wie alle Schwaben. Das ebenfalls beste Theater Berlins übernimmt demnächst der bisherige Intendant des besten Theaters in Deutschland: Ulrich Khuon wechselt vom Hamburger Thalia Theater ans Deutsche Theater nach Berlin. Khuon ist Schwabe. Was sonst? Der ungekrönte König des musikalischen Berlin? Daniel Barenboim. Kommt aus Buenos Aires, wohin die Schwaben massenhaft ausgewandert sind.

Der ebenfalls grandiose Sir Simon Rattle kann auf die Arbeit von Herbert von Karajan bei den Berliner Philharmonikern aufbauen. Der fing wo an? In Ulm! Der Elder Statesman par excellence in Berlin? Richard von Weizsäcker! Geboren in Stuttgart.

Wo gab es eimerweise olympisches Gold, Krippenplätze für alle und den besten Sex jemals auf deutschem Boden? Natürlich in der DDR. Wurde geistig auf den Weg gebracht von Hegel, bekanntermaßen ein Stuttgarter.

Die Liste ließe sich beliebig erweitern. Vermutlich stammt der intensivste Schwabenhass in Berlin von Schwaben, die vor längerer Zeit nach Berlin gezogen sind und es nicht gepackt haben.

Häufigster Grund bei Männern: Da muss ich nicht zum Bund. Das hat man jetzt davon. Die jungen Schwaben in Berlin dagegen sind erstklassig ausgebildet, zielstrebig und mit einem genetisch bedingten Händchen für die perfekte Immobilie ausgestattet. Sie haben den Eingeborenen in Berlin nie zum Vorwurf gemacht, dass die seit Preußens Gloria nichts als die Außentoilette kennen. Wer zum Pullern übern Hof geht, vergisst schon mal, dass ohne schwäbische Fähigkeiten ganz Berlin nichts anderes wäre als die Außentoilette der Republik.

Deswegen, jaaaanz wichtig: Fresse halten! Gell?

Rente mit 69

Kann ein Bundesbanker mit 69 noch Zementsäcke schleppen?

Diese Frage muss erlaubt sein anlässlich des aktuellen Vorschlags der Bundesbank, das Rentenalter auf 69 Jahre anzuheben. Und zwar schon 2060. Also praktisch morgen. Betroffen davon sind überwiegend die heute Neunjährigen. Sie sind die erste Generation, die fast 30 Jahre im Berufsleben stehen wird. Wenn mit 39 die diversen Praktika und Auslandssemester abgeschlossen sind und der raue Berufsalltag beginnt.

Natürlich ist sich kein heute Neunjähriger der Dramatik seiner Lage bewusst. Neunjährige sind hauptsächlich sauer darüber, dass sie nicht in den neuen »Harry Potter« dürfen, sondern abwarten sollen, bis ältere Geschwister die schwarzgebrannte DVD mit nach Hause bringen. Mitte nächster Woche dürfte das der Fall sein. Umso wichtiger ist es, dass die Erwachsenen den Vorschlag unserer Bundesbank mit der nötigen Gelassenheit überdenken.

Vorherrschende Meinung: Die Banker haben recht. War aber doof, es gerade jetzt zu sagen. Vor der Wahl. Wo sich doch das Land gerade erst vom kollektiven Schock der Rente ab 67 (2029) erholt. Besorgte Anrufer fragen bereits: Kann ich jetzt zweimal in Rente gehen? War es bei der Rente ab 67 noch der Dachdecker von Kurt Beck, den man vor dieser Zumutung schützen wollte, ist es jetzt der Bauarbeiter ganz allgemein. Stichwort Zementsack. Da wird niemand widersprechen.

Dennoch gibt es eine Reihe von Berufen, die munter

bis 69 ausgeübt werden können. Ja, bei denen sogar erst die eigentliche Hochleistungsphase beginnt. Minister in Schleswig-Holstein zum Beispiel. Eine leichte Büroarbeit mit viel Abwechslung ins Watt. Oder Bundesliga-Trainer. Gerade erst haben Spitzenclubs den reifen Fußballlehrer wiederentdeckt. Konzertpianisten haben erst ab dem 70. Lebensjahr die nötige Reife für den späten Beethoven. Die dürren Phasen zwischen Wunderkind und Altersweisheit sind dagegen für den Abonnenten oft quälend.

Heesters, Ernst Jünger, Sir Karl Popper, Hans-Georg Gadamer und Helmut Schmidt … Die Liste ließe sich beliebig lange fortsetzen. Erst als diese klugen Köpfe aufhörten, Zementsäcke auf die Dächer zu schleppen, erreichten sie jene geistigen Höhen, die sie weit jenseits der 70 so wertvoll machten. Auch von Olaf Scholz darf noch Großes erwartet werden.

Das Fest

Warum war ich nicht eingeladen? Jeden Leistungsträger in diesem Land muss die Frage quälen, wenn er die Gästeliste von Angela Merkel für Josef Ackermann liest.

Eine elitäre Melange aus Kapital, Kultur und Kompetenz hat da offensichtlich einen Abend verbracht, von dem der Pöbel nicht mal zu träumen wagt.

Denn wie sonst ließe sich der dümmliche Neid erklären, den Politiker in Wahlkampfzeiten schüren? Hätte nur noch gefehlt, dass der Joe im Dienstwagen von Ulla nach Hause kutschiert wird. Vorgezogene Wahlen wären dann die mindeste Konsequenz gewesen.

Wie zu lesen ist, hat die Bundeskanzlerin im Verlauf des Dinners ein anregendes Gespräch über unterschiedliche gesellschaftliche Positionen moderiert. Auch scheint niemand betrunken gewesen zu sein. Beides ist so begrüßenswert wie unüblich. Denn häufig sind bei solchen Anlässen nicht alle Gäste mit den Usancen vertraut. Gerade Regionalprominenz schüttet ab dem Begrüßungsschampus bis zum Absacker hemmungslos alles in sich rein. Vom Bummel mit Pilsglas über den Parkplatz (man war schon zeitig da) ganz zu schweigen. Hier handelt es sich häufig um alte Bekannte aus Volksschulzeiten, die man auch viele Jahre später nicht vergessen hat.

Leider. Dass alle Gäste ins Tischgespräch eingebunden waren, ist keineswegs üblich. Häufiger erlebt man Monologe der zwei, drei Bigshots. Der Rest empfiehlt sich Kliniken und Hüftspezialisten oder behauptet, bei Jauch locker die Million abzuräumen. Hierbei wird fast immer übersehen, dass man zwar Heinz Rühmann kennt, aber Lady Gaga für die Frau des Gastgebers hält.

Bedauerlich ist in jedem Fall die Indiskretion, mit der einige Pressebengel jetzt die Namen herausposaunt haben. Ohne arrogant wirken zu wollen: Mir käme solches nie in den Sinn. Obwohl ich auch schon in Zirkeln geladen war, in welchen Büchner-Preisträger Bischofsringe küssten.

Habe ich je ein Wort darüber verloren, dass hohe katholische Würdenträger »den Vatikan leider von Linken und Schwulen durchsetzt« sehen? Das Bundeskanzleramt weiß, wie ich zu erreichen bin.

Champagnerlaune zum Lehman-Jubiläum

Wer jetzt nicht feiert, ist selber schuld! Die Fans von Lehman Brothers können zum Einjährigen die Korken knallen lassen. Kinder, wie die Zeit vergeht!

Schon wieder ein Jahr her, dass die ehemalige Investmentbank sich am 14. September 2008 verabschiedet hat. Komisch eigentlich, dass in Deutschland niemand schwer kenntnisreich und geheimnisvoll raunend von nine fourteen spricht. Nur sieben Jahre nach nine eleven.

Auch wer »Harry Potter« oder »Twilight« nicht auswendig kennt, hat genügend mythologische Hausmannskost auf Lager, um in die Sieben oder die Drei (zwischen elf und 14) saftig was reinzuinterpretieren. Welches Datum steht jetzt tatsächlich für den Angriff auf unsere westlichen Werte? Welches signalisiert endgültig den Beginn des 21. Jahrhunderts? Und vor allem: War da was?

In der glorreichen Einwanderernation USA begann alles mit dem schwäbischen Motto: »Schaffe, schaffe, Häusle baue – und net auf die Schulde schaue«. Alles lief supi, bis immer mehr Häuslebauer immer weniger zurückzahlen konnten.

Im Sinn von nix. Kurz darauf kamen smarte Masters of the Universe mit hippen Pappkartons aus der Bank, stiegen in Taxis und fingen um die Ecke neu an. In Deutschland knallte der Dax verbraucherfreundlich auf Einstiegsniveau. In den zahlreichen Jubiläumssendungen lernt der deutsche Fernsehzuschauer jetzt zwei geile Typen kennen, damals die Hauptakteure: den glatzköpfigen Henry Paulson, damals US-Finanzminister, und den diabolisch rüberkommenden Richard Fuld, den Bankchef. Beide soll das schönste Gefühl verbunden haben, das der Krimifreund kennt: Hass.

Kennt jemand irgendwen von der Hypo Real Estate? Schon wieder ein Grund, warum immer mehr Deutsche komplette US-Serien auf DVD konsumieren. Nach einer kurzen Wirtschaftskrise zeigen jetzt wieder alle Pfeile nach oben. Die Banken benehmen sich picobello und führen ein Hausaufgabenheft in Schönschrift, Die Linke liegt aktuell bei 14 Prozent, die Deutsche-Bank-Aktie hat seit Jahresbeginn um 75 Prozent zugelegt. Halb voller kann ein Glas nicht sein.

Kündigungsgrund Frikadelle

Deutschland tobt! Einer 59-jährigen Chefsekretärin wurde gekündigt, weil sie vom Büfett für die Geschäftsleitung zwei Brötchenhälften und eine Frikadelle gegessen hatte. Sind wir noch ein Rechtsstaat?

Zunächst darf festgestellt werden, dass der Bauverband Westfalen in Dortmund – der Arbeitgeber – finanziell gut durch die Krise gekommen zu sein scheint. Frikadellen bei Besprechungen! Andere Branchen stellen ein paar Salzstängel auf den Tisch oder Schokoriegel, die durch wechselnde Sonnenbestrahlung bereits mehrfach geschmolzen sind und wieder verhärtet wurden (weißer Belag, Papier an Schokolade festgeklebt). Wenn sie sich überhaupt noch teure Meetings leisten, in denen eh nur der Chef monologisiert. Zeitgemäßer ist hier die Telko, bei der sich die Teilnehmer per Codenummer einwählen. Einer redet, die anderen sagen abwechselnd »Seh ich auch so«. Oder »genau«. Danke, das war's.

Üppig ausgestattete Büfetts sind nicht mehr zeitgemäß. Vor allem niedere Chargen lungern gern schon eine halbe Stunde vor Konferenzbeginn um die Tischchen und stopfen sich voll. Kurz darauf kracht der Blutzuckerspiegel ins Bodenlose, wegnicken während der PowerPoint-Präsentation ist noch das Mindeste. Oft wird versucht, Zwiebelreste (Mettbrötchen!) aus der Tastatur des Blackberry zu kratzen. Sollten die Mitarbeiter überhaupt essen, was die Bosse übrig lassen? Experten sind geteilter Meinung. Faustregel: Wer sexuell nicht belästigt werden möchte, isst auch keine Reste. Hier haben Gewerkschaften und Frauenbeauftragte über die Jahre viel erreicht.

Andererseits: schade um die leckeren Schnittchen! Die jungen Luder aus den Anwaltskanzleien in ihren körperbetonten Businesskostümen lassen heute doch alles stehen. Nur stilles Wasser und Oliven! Warum soll da eine propere Chefsekretärin auf dem Weg vom Konferenzzimmer zur Teeküche nicht Lachsschnittchen, Hühnchenkeule und Mozzarella auf Tomate vertilgen? Beim Abräumen. Wer sich auf dem Rückweg zum Schreibtisch einzeln die Finger ableckt und sich die Krümel vom Rock wischt (»Hab ich wieder gekleckert …«), strahlt patente Lebensklugheit aus, die unserer modernen Arbeitswelt allzu häufig fehlt. Wir fordern Freispruch im Falle Frikadellengate! Allerdings sollte Prügelstrafe für studentische Hilfskräfte, die Toilettenpapier und Mineralwasser klauen, nicht vorschnell verworfen werden.

Kapitalismus

Immer mehr Menschen lehnen den Kapitalismus ab. Weltweit. Das ist schade. Denn dem Kapitalismus haben wir viele unbeschwerte Augenblicke zu verdanken.

Etwa die festliche Gala aus Anlass des Mauerfalls, jüngst in Berlin. Oder shoppen gehen. Oder lecker essen. Wie kommt es, dass dieses von Engländern erfundene und von Marx unnachahmlich in Worte gefasste System derzeit so in Verruf geraten ist?

Sicher hat es damit zu tun, dass früher alles besser war. Im guten alten Manchesterkapitalismus war das Leben hart, bildete aber die Grundlage für große Literatur. Von Oliver Twist bis Cristiano Ronaldo – für immer bleibt der gute alte Kapitalismus verbunden mit bettelarmen Kindern, die ihr Glück gemacht haben.

Kurze Zeit später erfand man in Deutschland den rheinischen Kapitalismus. Er war dick, trug Melone und rauchte Zigarre. Die Menschen fühlten sich geborgen, durften samstags noch zur Arbeit gehen, und der FC Bayern gewann dreimal in Folge den Europapokal der Landesmeister. Die klügsten Gewinner im kapitalistischen System lasen Mao oder halfen in Kuba bei der Zigarrenernte.

Und heute? Schluss mit gemütlich, jetzt haben wir Turbo. Wo der Turbokapitalismus sich ordentlich benimmt, heißt er Wachstum und wird von der Politik geknutscht. Leider aber zeigt er uns immer häufiger eine Fratze, und die ist auch noch hässlich. Und das hat nun wirklich keiner gewollt. Deshalb wird er bekämpft, mindestens bis zum Wetter nach der »Tagesschau«. Was fehlt, ist ein zeitgemäßer Knuddelkapitalismus. Emotional, berührend, Glühwein fürs Konto. Eigentlich fehlt es für einen vorweihnachtlichen Wohlfühlkapitalismus aber vor allem an einem: an Kapital. Denn natürlich wünschen sich auch die heftigsten Kapitalismuskritiker nicht die Zeiten ohne Banane und Mallorca-Urlaub zurück. Aber wie soll ich den Kapitalismus praktizieren, wenn mir das Geld fehlt?

Wohin man auch hört, überall ist man knapp bei Kasse. Neues Sofa? Große Reise?

Tut uns leid, aber dafür fehlt uns das Geld. Man weiß ja nicht, was noch kommt. Wir halten die Penunzen zusammen. Kapitalismus ohne Geld ist wie Weihnachten ohne Tannenbaum. Irgendwie trostlos. Gebt den Menschen Geld zum Raushauen, und sie werden das System lieben. Wer kauft, sagt Ja. Und er vergisst für Augenblicke die hässliche Fratze, die derzeit den Kapitalismus beleidigt: das Gesicht von Michael Moore.

Madame Bettencourt

Chapeau, Madame! Deutschland verneigt sich vor Ihnen! Eine so souveräne Grande Dame, wie Sie es sind, würde auch unserer gebeutelten Nation guttun.

Sie haben als Großaktionärin von L'Oréal ein Milliardenvermögen gemacht. Nach Ihrem Gusto verteilen Sie daraus kleine Geschenke, comme on dit. 160 Millionen Euro an einen Ihrer Manager, 1 Milliarde (i. W. eine Milliarde) an einen befreundeten Fotografen. Bei solchen Nachrichten fühlt man sich, als würde einem das Herz shampooniert, als hätte das Gute im Menschen einen Festiger erhalten. Anti-Aging für die Seele.

Nun müssen wir malheureusement lesen, dass Ihre Tochter Françoise Sie vor den Kadi zerrt, gar die Vormundschaft auf einen Richter übertragen möchte. Pourquoi? Es ist Ihr Geld, Madame! Sie haben die Geschicke des Konzerns über Jahrzehnte hin klug gesteuert! Sie sind niemandem Rechenschaft schuldig! Ihre Frau Tochter soll sich die Klage in die Haare schmieren!

Pardonnez-moi, wenn ich mich echauffiere. Aber ich bin zutiefst empört, wenn mir solches zu Ohren dringt. Wie nötig hätten wir in Deutschland eine Frau wie Sie. Unsere Milliardärinnen sind am Boden. Ob Autozubehör oder Versandhandel – alles perdu. So viel Grütze können wir gar nicht produzieren, wo Manager hierzulande ganze Imperien reinreiten.

Haben Sie, verehrte Madame Bettencourt, je nach Hilfe vom Staat geschrien? Haben Sie jemals gejammert, Sie könnten nur noch beim Italiener um die Ecke essen gehen? Mais non! Je vous adore. Schon immer habe ich mich hingebungsvoll um reife Damen von Welt gekümmert. Connaissez-vous le Traumschiff? So war ich schon immer. Schon als Zivi (eine Art Fremdenlegionär im eigenen Land, falls es Zivi in Frankreich nicht gibt). Ich hoffe, Sie verzeihen mir, dass ich mich so direkt an Sie wende.

Aber ich mache recht hübsche Bilder mit meiner Digicam. Vielleicht nennen mich deshalb meine Freunde »Monsieur le Fotograf«. Wenn meine L'Oréal-Tuben leer werden, schneide ich sie unten mit der Schere auf. So sehr liebe ich die Produkte aus Ihrem Haus. Der Gedanke, dass auch nur ein Kleckser Creme verloren gehen könnte, macht mich rasend. Weil ich es mir wert bin. Joyeux Noël, Madame Bettencourt.

PS: J'ai cinq enfants. Et je suis très souvent à Paris …

Dienstreise

Dienstreisen können in Zukunft auch in Verbindung mit einem Urlaub von der Steuer abgesetzt werden.

Das entschied der Bundesfinanzhof in München. Damit endet eine unschöne Situation, die über Jahre hinweg vielen anständigen Deutschen die Dienstreise verleidet hat. Schon das Beispiel, anhand dessen das Urteil gefällt wurde, schildert die ganze Dramatik. Ein Computerexperte hatte geklagt, der eine Dienstreise zur Computermesse nach Las Vegas mit einem Kurzurlaub verknüpft hatte. Das Finanzamt wollte die Flugkosten nicht anerkennen. Ganz allgemein lässt sich sagen, dass das Finanzamt bei Flugkosten gerne mal Schwierigkeiten macht.

First-Class-Flüge nach Singapur werden zum Beispiel immer kritisch unter die Lupe genommen. Die medizinische Begründung wird noch akzeptiert (Thrombosegefahr/Bandscheibenvorfall). Aber war es wirklich nötig, das malaysische Kindertheater vor Ort zu besichtigen? Eine Woche lang? Ja, natürlich! Wie sonst hätte es zu einem Gastspiel ins anfragende Ruhrgebiet verpflichtet werden können? Asiatische Höflichkeitsregeln gebieten es, nicht hektisch an- und abzureisen. Alles unter einer Woche wird als respektlos empfunden und kann zu innerpolitischen Konflikten führen. Man könnte richtig ärgerlich werden beim Gedanken daran, wie stur sich manche deutsche Beamte bei den Herausforderungen der Globalisierung stellen.

Fast unmöglich ist es, eine dreiwöchige Pazifik-Kreuzfahrt im Wert von 30000 Euro (pro Person) beim Finanzamt durchzukriegen. Natürlich war da auch Freizeit dabei. Ein halbes Stündchen abends. In der Kabine. Aber der eigentliche Reisegrund waren Recherchen über ehemalige CSU-Wähler, die nach dem Verlust ihrer politischen Heimat auf dem Ozean treiben. Verzweifelt am Staat. An sich. Am Vermögensberater. Nur wer als freier Autor an Bord mit solchen Menschen spricht, kriegt vielleicht bei der ARD ein Drehbuch durch, in dem dieses Thema spielfilmmäßig aufgearbeitet wird. Mit Christine Neubauer und Hardy Krüger jun. Und wie soll man den Befragten die Zunge lösen, wenn nicht mit vier Flaschen Pomerol? Die trinkt man doch nicht zum Vergnügen!

Niemand bestreitet, dass die Ausgaben streng nach privat und beruflich getrennt werden müssen. Deshalb zahlt man die umgerechnet 25 Euro für sich pro Tag auch anstandslos selbst. Aber ein Menü für vier Geschäftspartner mit Steaks vom Kobe-Rind liegt mit Suppe und Eis schnell mal bei 6000 Dollar. Umgerechnet in Arbeitsplätze daheim geradezu ein Klacks. Es ist schon entwürdigend, das den Erbsenzählern in unseren Amtsstuben auseinanderklamüsern zu müssen. Dabei hat man schon die Namen der Eingeladenen (Ying, Yang, Feng und Shui) auf der Rückseite der Belege vermerkt. Pingeligst!

Merkwürdig allerdings, dass einem Computerexperten der Las-Vegas-Trip anerkannt wird. Das kann er doch wirklich zu Hause am PC machen.

Aktien-Hausse

Kinder, wie das Geld vergeht! Vor ziemlich genau zehn Jahren erreichte der Nemax 50 den höchsten Stand seiner Geschichte. Die dann insgesamt allerdings ziemlich kurz war. Zur Erinnerung: Im Nemax 50 waren damals die 50 wichtigsten Firmen des Neuen Marktes notiert. Dieser Neue Markt war eine coole Gelegenheit, am Vormittag Millionär zu werden und vor Sonnenuntergang die Altersvorsorge zu versenken. Es war das goldene Kurzzeitalter, in dem man sich nicht die Einschaltquoten, sondern die Prozente übern Flur rief. Der Steigerung pro Stunde, zum Beispiel von Yellow Bubble.

Es war die Zeit, in der 40 Prozent Zuwachs pro Monat beim Aktienkurs schlechte Laune machte. Bilanzen und Produkte interessierten niemanden. Man überließ sie den Spießern der Old Economy. Wichtigste Geschäftsgrundlage war ein gemeinsames Foto mit Bernie Ecclestone. Dann sagte der Neue Markt nicht sehr leise Servus. Wer gerade noch in Cannes auf zwei Jachten gefeiert hatte, vermietete schon wenig später in München Flugzeuge. 2003 wurde der Neue Markt geschlossen. Der ideale Zeitpunkt, um mit dem Restgeld beim lange belächelten Dax einzusteigen. Der kannte nur die Richtung von links unten nach rechts oben. Bis zum Absturz im März letzten Jahres. Zwischenfazit: In den vergangenen zehn Jahren konnte man sich also mindestens zweimal finanziell komplett ruinieren. Dank eines funktionierenden Sozialstaats bleibt aber immer noch was. Wer vor einem Jahr in die beiden solidesten Branchen investierte (Halbleiter und Medien), darf sich jetzt über mehr als 1000 (i.W. tausend) Prozent Wertsteigerung seiner Aktien freuen.

Bei Infineon dank erstklassiger Produkte und kluger Geschäftspolitik. Bei ProSiebenSat.1 aufgrund zukunftsträchtiger Schnäppchen auf dem Moderatorenmarkt. Selbst das Papier der Commerzbank hat im selben Zeitraum um 194 Prozent zugelegt. Gut, da ging's vorher schon mal von 37 auf zwei Euro runter. Aber da sind Sie ja sicher rechtzeitig raus. Zusammenfassung: gerade mal wieder ein perfekter Zeitpunkt, um bei Aktien einzusteigen. 60 Prozent hat der Dax seit letztem Jahr zugelegt, mehr als 2000 Punkte hat er noch Luft bis zum einstigen Allzeithoch. Welche Werte empfehlenswert sind? Das können Sie in einem Jahr nachlesen.

Reiches Hamburg

Glückwunsch! Hamburger verdienen das meiste Geld. Danach kommen Münchner und Stuttgarter. Dies erfuhren wir jetzt aus der Zeitschrift »Men's Health«. Satte 22 071 Euro netto hat jeder Stuttgarter pro Jahr zur Verfügung. Das sind runde 1300 weniger als in Hamburg, aber fast 7000 mehr als ein Berliner (15 342 Euro, Platz 43). Als mündige Bürger wissen wir, dass solche Zahlen der Interpretation bedürfen. Denn natürlich ist persönliches Glück in Chemnitz mit 16 057 Euro (Platz 35) durchaus eher vorstellbar als mit 21 165 Euro (Platz 7) in Münster/Westfalen. Chemnitz rockt. Das weiß jeder, der fast schon mal hingefahren wäre. Niedrige Mieten, hohe Decken – ein perfekter Wohnungsmarkt für verrückte Kreative und junge Familien.

In Münster dagegen kommt man vor lauter Fahrrädern kaum rein. Seit 1648 wurde das katholische Bollwerk kurz vor der holländischen Grenze kaum noch nachrichtlich erwähnt. Den Flughafen teilt es sich mit Osnabrück (Platz 20, 18 460 Euro). Man lernt den Airport aber hauptsächlich kennen, wenn man nicht weiß, dass Billigflieger zwischen Palma und Nürnberg gerne noch mal zwischenlanden. Rätselhaft (komisch, klingt irgendwie nach JVA) auch, was einem 17 501 Euro in Mannheim (Platz 29) bringen sollen. Quadratisches Straßenbild, unverständlicher Dialekt und die unbequemste DB-Lounge im deutschen Schienennetz – dann schon lieber mit 15 624 Euro (Platz 40) nach Gelsenkirchen. Die Woche über braucht man kein Geld (Pommes rot/weiß auffe Kralle kostet nicht die Welt) und am Wochenende Emotion pur.

Merkwürdig, dass für Hannover und Saarbrücken keine Daten vorlagen. Beide Städte haben eine geradezu magnetische Anziehungskraft auf die digitale Elite. Wer mit seinem Laptop in einem der angesagten Szenecafés an der Leine sitzt, kann sich mittels sozialer Netzwerke lässig nach Hamburg oder Berlin beamen: Ganz oben bei Facebook steht die Frage: Wohnst du in Hannover?

Und erst Saarbrücken! Chillen und runterkommen im Herzen Europas. Mustergültig ist hier der Strukturwandel geglückt von der Abraumhalde zum Baguette. Eigentlich naheliegend, dass Geld an der Saar keine Rolle spielt. Lebensqualität entsteht hier vorwiegend durch das, was der Wind aus Frankreich rüberweht. Aufs Ganze gesehen, lässt sich in Deutschland mit den Nettoeinkünften prächtig leben. In Hamburg und München hat man nicht viel davon, geht ja alles für die Miete drauf. Und beim Schlusslicht Halle (Saale) bleibt Wichtigeres als die 14 019 Euro auf Platz 48: die Musik von Händel und die Gewissheit, dass es H.D. Genscher von hier aus auch geschafft hat.

Qualifizierte Migranten

Konzerne aus Nicht-EU-Staaten sollen ihre Fachkräfte künftig leichter nach Europa schicken können.

Dies versprach EU-Innenkommissarin Cecilia Malmström in Brüssel. Ein begrüßenswerter Plan. Spätestens seit der WM ist jedem Deutschen klar: Ohne qualifizierte Migranten ist unser Land nicht überlebensfähig. Wobei die Betonung auf qualifiziert liegt. Andere sind uns rein menschlich natürlich genauso willkommen. Aber bauchmäßig könnte man sagen, der Bedarf ist erst mal gedeckt.

Auch Bundespräsident Christian-ich-lebe-Patchwork-Wulff hat darauf hingewiesen, wie dringend das moderne, lässige und weltoffene Deutschland auf Zuwanderer angewiesen ist. Schließlich werden bei uns pro Jahr deutlich mehr Rentner geboren als Babys. Schon in 20 Jahren sind unsere Sozialsysteme ernsthaft in Gefahr. Denn immer mehr Verstorbene zahlen immer weniger Beiträge. Bald finanzieren zwei Praktikanten mit ihren 400-Euro-Jobs bis zu 20 Senioren in ihren 150-Quadratmeter-Residenzen (pro Senior, versteht sich!). Soziale Unruhen dürften dann nur noch zu verhindern sein, wenn die WM im 2-Monats-Rhythmus stattfindet.

Dumm nur, dass es so wenig Superhirne aus fernen Ländern ins Land von Lena und Lammert zieht. Kaum einer wollte die Greencard haben, die vor einigen Jahren für substanzielle Diskurse sorgte (»Kinder statt Inder«). Rätselhafterweise erscheinen vielen Kalifornien, die US-Ostküste oder Singapur verlockender als Greifswald oder Kiel. Auch in Kanada soll man recht gut leben können, was man so hört. Inklusive Staatsbürgerschaft.

Da ist es nur sinnvoll, dass fremde Spezialisten künftig innerhalb von 30 Tagen eine Aufenthaltsgenehmigung erhalten und bis zu drei Jahre in der EU bleiben können. Prüfungen, ob einheimische Kräfte den Posten ausfüllen könnten, sollen entfallen. Man muss unsere Leute ja nicht demütigen.

Auch bei den Saisonarbeitern wird es demnächst wesentlich unbürokratischer zugehen. Als Idealtyp darf hier das Spargel stechende Zimmermädchen gelten. Deutsche Frauen sind immer weniger bereit, sich zu bücken oder in die Ecken zu gehen. Trotz guter Ausbildung verbringen sie die besten Jahre im arbeitsfähigen Alter lieber mit teuren Kinderwägen auf Spielplätzen. Globuli scheinen ihnen wichtiger als Globalisierung. Teurer Schnickschnack wie Elterngeld und Erziehungsurlaub beschleunigen einen Prozess der Verweichlichung. In so einer Gesellschaft sind selbst 70 Grad im ICE eine Meldung in den Nachrichten.

Neue Weltmächte wie Indien sind deutlich zukunftsfähiger. Eliten reisen dort klimatisiert, die anderen auf dem Dach. Ist für uns der Zukunftszug schon abgefahren?

»Religiös, philosophisch und ethisch ist es nur ein kleiner Schritt von Käß- zu Klinsmann.«

Von Fußball, Gauck und anderen Göttern

Fußballlehrer

Kommt Sir Alex Ferguson zum 1. FC Köln? Passen würde es, denn nach der Enttäuschung im Finale der Champions League wäre eine neue Herausforderung sicher die beste Möglichkeit, um mal Abstand zu gewinnen.

Noch vor wenigen Wochen wäre eine solche Überlegung abwegig erschienen, aber in jüngster Zeit zeigt sich immer mehr: Die eigentlichen Stars im Fußballgeschäft sind die Trainer. Getragen von Philosophien, Missionen, Visionen und Konzepten, legen sie eine Flexibilität an den Tag, wie sie der gemeine Mittelständler leider häufig vermissen lässt. Bei Ortswechsel werden kaum noch Gründe wie kranke Frau oder tote Hose angeführt, man ist einfach weg.

Gefragtester Typus ist derzeit der Fußballlehrer. Er kann Ordnung auf dem Platz schaffen, holt locker 13 Punkte aus fünf Spielen, und selbst Poldi hört zu.

Eine leichte, nicht ganz ungefährliche Variante ist der Professor. Brillenträger, Sportstudium. Kann Dorfclubs innerhalb weniger Wochen an den Rand des internationalen Fußballs bringen. Gefahr: Bei Misserfolg droht Häme XXL, da Professor in Deutschland generell als natürlicher Feind des Volkes gesehen wird.

Schnell erfolgt dann der Ruf nach dem Retter, wahlweise hartem Hund. Der war in seiner aktiven Zeit häufig Verteidiger mit mehr als 400 BuLi-Spielen und hat nicht wenige Gegenspieler in die Sportinvalidität geschickt. Arbeitsphilosophie: Schwein sein können, Dreck fressen, in Pfosten beißen. Generell ist dieser

Typus aber ein Auslaufmodell, selbst in Duisburg oder bei 1860 München.

Dann gibt es noch die drei Italiener, die keiner auseinanderhalten kann und die wahlweise bei Inter, Juve oder Milan sind. Neuerdings auch gerne in England, wegen des Wetters. Und natürlich Guus Hiddink, aber der geht über Wasser. Was unserer Bundesliga für die kommende Saison gut anstünde: ein Fußballbaron aus Bayern. Geht da was?

Märklin

Für uns Pius-Brüder unter den Modelleisenbahnfans gab es nur eins: Märklin, Märklin, Märklin! Echt, unverfälscht und wahrhaftig, eine reine und bruchlose Tradition ohne einen Hauch von Zweifel oder Relativismus. Natürlich hatten wir von Andersgläubigen gehört. Aber Wörter wie Fleischmann oder Minitrix wären uns nicht einmal über die Lippen gekommen.

Dialog war ausgeschlossen.

Umso schmerzhafter jetzt die Nachricht von der Insolvenz des schwäbischen Unternehmens. Denn Märklin war keine Modelleisenbahn, Märklin war eine Lebenshaltung. So wie Geha oder Pelikan, Coca-Cola oder Pepsi, Jerry Cotton oder Perry Rhodan. Muss erwähnt werden, dass die echten Kerle mit Märklin spielten? Kein Sigmund Freud könnte formulieren, was das perfekte Ineinanderschieben zweier Gleise in einem Knaben der Zeit zwischen Adenauer und Kiesinger auslöste. Wenn die beiden Metallzungen sich sanft übereinanderlegten. Überhaupt: diese Metallzungen! Manchmal waren sie verbogen, dann musste man aufpassen, dass sie nicht völlig abbrachen. Aber warf man eine Schiene deshalb weg? Niemals! Man legte sie zwischen zwei super funktionierende Schienen und hoffte, dass der Zug es nicht merkt. Für die Märklin-Eisenbahn wurde das komplette Wohnzimmer zu Weihnachten lahmgelegt. Besuch aus der Zone musste auf Matratzen unter der Platte schlafen, weil das Bett als Stütze gebraucht wurde.

Märklin war teuer. Monatelang träumte man vom Speisewagen, einer echten Dampflok oder – das

Größte – vom sogenannten Krokodil. Das gab's bei uns nicht, zu teuer. Bei anderer Gelegenheit habe ich schon mal davon erzählt, daraufhin hat mir Jürgen Fliege ein Märklin-Krokodil geschickt. Wie geht's eigentlich Fliege?

Märklin pleite, Papstbruder greift Merkel an – Herr, schick uns Fliege, auch wenn sein Glaube keine Kirche im eigentlichen Sinn ist!

Ciao, Flavio

Formel-1-Guru Flavio Briatore zeigte der Welt, dass man auch mit einer Plauze Models für sich gewinnen kann – solange man die richtige Sonnenbrille trägt. Er wird uns fehlen.

Der Weltverband hat Flavio Briatore lebenslang von der Formel 1 ausgesperrt. Warum sollten wir jetzt noch zuschauen, wo Briatore nicht mal mehr ins Fahrerlager darf? Denn Flavio Briatore war ein Stern der Hoffnung für deutsche Männer. Er signalisierte uns: Ganz ruhig, Aussehen ist nicht so wichtig. Sixpack? Ist was für Weicheier ohne Charisma! Um den Nabel rum sah der italienische Bonvivant ganzjährig aus wie Heidi Klum in diesen Tagen. Stets gebräunt, konnten wir die Plauze Sommer für Sommer auf diversen Jachten ruhen sehen, wenn nicht grade ein Model drüberlag. Hemdknöpfe, so lehrte er uns, sind zum Offenlassen da. Das graue Wallehaar trug er stets lässig, auch und gerade, als die Stirn nach oben zu wachsen begann. Haarteil? Tönung? Unvorstellbar! Schließlich beriet er weder irgendwelche Russen, noch moderierte er Familienshows am Samstagabend – Flavio Briatore war die personifizierte Formel 1. Wie außer ihm nur noch Bernie Ecclestone, die andere Ikone in Sachen Coolness. Zwei Accessoires konnte nur einer wie Flavio tragen: die blaue Brille und Schuhe mit goldenem Monogramm drauf.

Es schmerzt, auch nur daran zu denken, wer sich heute alles bei uns eine blaue Brille ins Gesicht klemmt. Schuhe mit Monogramm traut sich aber meines Wissens hierzulande nicht mal die schrillste Schwuchtel beim Fernsehpreis. Natürlich kann eine grundsolide Veranstaltung wie die Formel 1 nicht erlauben, dass Briatore in betrügerischer Absicht Unfälle anordnet. Aber kann denn nicht auch hier Gnade vor rechts Ranfahren ergehen? Der normale Lebenslängliche ist bei uns normalerweise nach 15 Jahren wieder raus. Und der Fernsehgarten hat von Kiwis Begnadigung nur profitiert. Gebt Flavio eine zweite Chance!

Ein Jahr Boliden waschen für einen guten Zweck, freier Eintritt für Renault-Besitzer im Billionaire-Club. Irgend so was. Denn Formel 1 ohne Briatore ist wie »Wetten, dass …?« ohne Michelle Hunziker.

Lothar und Ron

Ron Wood und Lothar Matthäus haben auch zum Jahresbeginn ihre Fans nicht enttäuscht. Der letzte Rock 'n' Roller des deutschen Fußballs und das Mitglied der ältesten Viererkette im Showbiz leben so, wie es der echte Mann weiterhin erwartet: schnell und schmutzig. In Zeiten einer rapide alternden Gesellschaft haben die beiden niemals den Kontakt zur Jugend verloren. Überwiegend durch Heirat. Wo langweilige Prominente bei den Vorsätzen fürs neue Jahr »gesünder leben« und »mehr Zeit für die Familie« angeben, wird bei Lothar und Ron von Single-Silvester und zwei Flaschen Wodka pro Tag berichtet. Geradezu empört ist man als Fan, dass zwei Flaschen Wodka pro Tag neuerdings ein Kündigungsgrund bei den Rolling Stones sein sollen. In der ARD bekäme Ron Wood damit eine eigene Sportsendung. Wieder mal geht der Stress bei den Stones von Mick Jagger aus, neben Keith Richards und Ronnie Wood immerhin der international drittbekannteste Stone. Jeder weiß, dass Sir Mick ein Streber ist. Fehlt nicht mehr viel, und wir sehen von ihm ausgelassene Urlaubsbilder aus Kitzbühel. Mick bäuchlings auf dem Schlitten und die ganzen Weiber und Kinder auf ihm drauf. Oder er schaut dick eingemümmelt in Aspen in den Kinderwagen von Heidi. Street fighting man eben.

Weiterhin bleibt unverständlich, was an Lothars Single-Silvester in Moskau schlecht sein soll. Generationen deutscher Männer verbrachten den Jahreswechsel in Russland und die Frau daheim in Österreich. Hat sich da wer das Maul drüber zerrissen? Gut, spätestens seit Guido Knopp wissen wir, dass Väterchen Frost mit der Russin im Arm leichter erträglich war. Aber die Zeiten ändern sich. Ekaterina und Kristina Liliana sind moderne junge Frauen. Sie repräsentieren perfekt, was Gorbatschow meinte, als er sagte: Die Schuhe müssen zum Gürtel passen. Fordernd und fördernd, so wirkt auf uns vor allem Ekaterina, die russische Muse von Ron Wood. Den Tag kuschlig und knuffig beim Fernsehen ausklingen lassen – den Wunsch haben Tausende russischer Mädchen, die von einem englischen Gitarristen träumen.

Im Gegensatz etwa zu brasilianischen Models, die neckische Hotelzimmerabende gern mal beim Vaterschaftstest ausklingen lassen. Schon vergessen, Mick? Mit zwei Flaschen Wodka wäre das nicht passiert. Muss sich ein Lothar Matthäus wirklich öffentlich von Lolita (Ex-Frau-Nummer ist momentan entfallen) vorwerfen lassen, dass er Sohn Loris am Telefon nur mal fragt: Schneit's in Crans Montana? Oder: Wie fandest du das letzte Spiel von Inter Mailand? Was soll er sonst fragen? Kommt Mama mit dem Geld aus?

Nein, wer so mit unseren Idolen umspringt, sollte sich was schämen. Wir sagen: Sympathy for the devil. Nur ein Satz, den können wir fast nicht glauben: Lothar Matthäus war gestern für »Bild« nicht erreichbar.

Kevin Kurányi

Franz fordert. Dieser Satz hat in Deutschland endgültigen Status. Verglichen damit, wirken Urteile des Bundesverfassungsgerichts wie unverbindliche Empfehlungen. Jetzt fordert Franz in »Bild«: Nehmt Kurányi mit zur WM! Wir gehen sogar noch weiter: Nehmt Kurányi nicht nur mit zur WM, sondern lasst ihn dort auch spielen! In Südafrika brauchen wir den besten Kevin aller Zeiten. Der in dieser Saison viermal so oft getroffen hat wie Kevin Klose und Kevin Podolski zusammen.

Und dreimal häufiger getroffen hat als die drei Kevins Klose, Poldi und Gomez gemeinsam. Jetzt ist also Bundestrainer Löw gefragt. Oder, wie er in Fachkreisen heißt, der Jogi. Außenstehende mögen sich wundern, weshalb Kevin von Jogi begnadigt werden muss. Ist er verurteilt? Verbannt? Oder sitzt er wenigstens in U-Haft? Wirklich kleiner Exkurs: herzerweichend die Artikel, in denen sich Medien über die Medien beklagen. Über den Umgang mit dem Fall Jörg Kachelmann (Name nicht geändert, die Red.). Wäre nicht mal eine Samstagsbeilage vorstellbar, in denen Medien den Medien erklären, wie die Medien funktionieren? Gern auch in verschiedenen Medien. Zurück ins Stadion. Also sprach Jogi: In meiner Zeit wird Kevin nicht mehr für Deutschland spielen. Nun weiß niemand, wie lange genau Jogis Zeit noch läuft. Aber so kurz sie auch sein mag, Kevin wurde von Jogi verbannt, weil er das Stadion verließ, während elf andere auf dem Feld die Drecksarbeit machten. Das geht natürlich nicht. Andererseits stand zum Zeitpunkt des Vergehens gefühlt noch die Mauer (Berlin). Und seither hat sich fußballerisch doch einiges getan. Zum Beispiel wurde Kevin K. von Felix Magath derart fit gemacht, dass er auf Rasen genauso stark ist wie auf Beton oder auf Schalke. Nebenbei: Wie lange lassen Sie eigentlich den Beutel in Ihrem Tee, verehrter Herr Magath? Neulich, beim Doppelpass im DSF, waren das etwa 20 Minuten, wenn wir richtig gezählt haben. Wirkt das eher anregend oder aufpeitschend? Danke. Falls Kevin also zwecks Vergebung kniend vor der Frankfurter DFB-Zentrale erwartet wird, bitten wir um ein Zeichen. Dinge ändern sich. Das weiß niemand besser als der Präsident, Herr Zwanziger. Sah es vor wenigen Wochen noch so aus, als sei der DFB-Chef medial bereits weichgekocht, hat er jetzt wieder Luft. In Zeiten, in denen sich halb Deutschland als sexuell belästigt meldet, interessiert sich niemand mehr für einen schwulen Schiedsrichter. Kommt Zeit, kommt anderes Thema. Sollte es im Falle einer Begnadigung für Bundestrainer Löw Probleme mit der Gesichtswahrung geben, hier ein Vorschlag zur Güte: Kevin fährt, und Jogi bleibt allein zu Haus. Wäre irgendwie konsequent.

Oberammergau

Jesus, Maria und Josef, auch das noch! Am 15. Mai ist Premiere der diesjährigen Passionsspiele in Oberammergau, und es sind noch jede Menge Karten da. Experten schätzen, dass etwa 60 000 der 320 000 Arrangements noch nicht verkauft sind.

Hier ist es notwendig, den Musical-Neuling darüber aufzuklären, was es mit sogenannten Arrangements auf sich hat. Es handelt sich um eine Rundumversorgung aus Eintrittskarte, Übernachtung, Textbuch, Mahlzeiten, Shuttle-Service und, und, und.

Beliebt sind solche Packages traditionell bei Amerikanern und Japanern, für die Oberammergau, Heidi und Lipizzaner zur Grundversorgung mit europäischen Kulturgütern gehören, die innerhalb weniger Tage abgefrühstückt werden. Solche Gäste aber bleiben in diesen Tagen gern weg. Grund: zu viel Asche oder zu wenig, je nachdem.

Deshalb wird nun darüber nachgedacht, die teuren Arrangements früher als geplant aufzulösen und den Verkauf von Einzeltickets zu ermöglichen. Aber kann das lokale Hotelgewerbe an Gästen aus der Region interessiert sein, die sich nach Vorstellungsende zu siebt im Van auf die Heimreise begeben? Ist nicht ein Absacker nach der Kreuzigung das Mindeste? Ganz zu schweigen von einem opulenten Abendmahl, mit dem man die Erlösergeschichte auch kulinarisch ausklingen lässt. Natürlich vor Ort. Vielleicht kann man die Attraktivität der Arrangements noch erhöhen. Angefangen durch Küsschen von Judas bei der Begrüßung, Schweißtücher von Veronika in der Pause bis hin zur

Fußwaschung unmittelbar nach der Ankunft (hier ließen sich die Preise staffeln von der Sparversion rangniederer Apostel bis zum High-End-VIP-Segment Waschung durch den Jesus-Darsteller).

Ist die Zeit nicht reif für einen Freizeitpark Golgatha? Verliebte können zum Auferstehungstarif in der Grabhöhle übernachten, ein leckeres Sektfrühstück wartet, wenn morgens der Stein weggerollt wird. Die Kids könnten spielerisch an theologische Schwerpunkte herangeführt werden. Probekreuzigung von Vati oder Mutti steinigen ist nun mal Fun pur, verglichen mit der eher spröden Art, wie die Story in der Bibel rüberkommt. Wachet auf, ihr Marketingfachleute! Wo bleibt der Klingelton »Ehe der Hahn zum dritten Mal kräht«? Das Musical-Geschäft ist kein Ölberg, auf dem der Kartenverkäufer durchschläft, während der Werkleiter des kommunalen Eigenbetriebs am Oberammergau-Tourismus zweifelt. Wer könnte den Kartenverkauf ankurbeln, mit einem Verständnis gleichermaßen für Kunst und Krempel? Walter Mixa hätte Zeit.

Kirchensteuer

Kommt nach der sexuellen auch die finanzielle Belästigung? Diese Frage stellen sich viele verunsicherte Katholiken angesichts der Entscheidung des Verwaltungsgerichtshofs in Mannheim: Ein bisschen austreten geht nicht! Geklagt hatte ein Kirchenrechtsprofessor, der zwar glaubt, aber nicht zahlen will. Jetzt stellte das Gericht klar: Wer in Deutschland glaubt, ohne Geld gläubig sein zu können, der irrt. So weit Mannheim. Und Rom?

Schweigt zunächst, wie in fast allen irdischen Angelegenheiten. Allerdings hat der Papst bereits vor Jahren verbindliche Vorgaben erlassen. Und die besagen: Die katholische Kirche hofft auf freiwillige Spenden. Nicht auf staatlichen Zwang.

Den fundierten Theologen in uns kann das kaum überraschen. Schließlich ist die Kirche römisch-katholisch und nicht griechisch-römisch. Das Ringen um schnöden Mammon war in meiner Kirche seit den Zeiten der Väter verpönt. Genügend beweiskräftige Bibelstellen lassen sich googeln. Daher überrascht es auch kaum, dass in Rom nicht interessiert, was ein Zahlungsunwilliger dem deutschen Staat mitteilt. Entscheidend ist, was er der Kirche sagt. Man kann also weiter ein Gläubiger sein (religiös, nicht im Sinn reicher EU-Staaten), ohne in Deutschland Kirchensteuer zu entrichten. Das Spenden sollte man dabei allerdings nicht vergessen. Fälle, in denen Spenden in doppelter Höhe des Kirchensteuersatzes von heimischen Erzdiözesen zurückgewiesen wurden, sind nicht bekannt.

Was aber mit den gutmütigen Schafen, die weiterhin

vom Fiskus kirchensteuermäßig abkassiert werden? Hier sollten wir uns an das Gleichnis vom verlorenen Sohn erinnern. Zu lange wurde der Fokus auf den Hallodri gerichtet, der die Fliege machte und es krachen ließ.

Entscheidender ist aber das Weichei, das zu Hause blieb und sich krumm und bucklig schuftete. Ihm wird in jüngster Zeit theologische Gerechtigkeit zuteil. In ihm erkennen sich alle Katholiken wieder, die am Limit löhnen. Wir sind nur Gast auf Erden und froh, wenn uns der monatliche Obolus stressfrei von Schäubles Helfern abgenommen wird. Spenden wird schnell mal vergessen, und der Vatikan ist ja nicht die FDP. Der Herr hat's gegeben, der Herr hat's genommen.

System van Gaal

Glückwunsch! Der FC Bayern hat am Pfingstsamstag in Madrid das Finale der Champions League gewonnen. Diese Aussage können wir bereits Tage vor dem Anpfiff treffen. Wer an ihrer Richtigkeit zweifelt, versteht nichts von Fußball. Er hat auch keine Ahnung von Kontrolle, Ordnung und Ballbesitz. Er hat außerdem kein Herz und wird nie Sympathiewerte erzielen. Im Gegensatz zu Louis van Gaal, Vater des Erfolgs. Offiziell zwar Fußballtrainer. Genau genommen aber Übermensch. Ähnliche Huldigungen wie van Gaal genoss in München zuletzt nur Margot Käßmann auf dem Ökumenischen Kirchentag. Religiös, philosophisch und ethisch ist es – speziell in München – nur ein kleiner Schritt von Käß- zu Klinsmann. Denn in der Stunde des Triumphs soll nicht vergessen werden, dass der gefallene Götterliebling mental den Grundstein für den Siegeszug der Bayern unter van Gaal gelegt hat.

Klinsmanns Philosophie hatte drei Säulen: Buddha, Bücher, Sprachlabor. Dadurch wollte er jeden Spieler jeden Tag ein bisschen besser machen. Um sachlich zu bleiben: Geglückt ist ihm das nur bei Lukas Podolski, der bienenfleißigen Stütze unserer Nationalelf. Alle anderen hinterließ der ständig lernbereite Schwabe in einem Zustand, der seinen Nachfolger im vorigen November fast schon wieder den Job gekostet hätte. Wenn man den Medien glauben darf. Und wer täte das nicht.

Dann führte van Gaal die Ordnung ein. Gegessen wurde ab sofort mit Messer und Gabel, und zwar in der Reihenfolge Suppe – Hauptspeise – Nachtisch. Dieses

System haben nach und nach alle Mannschaftsteile verinnerlicht. Bis auf Luca Toni. Der wurde daraufhin nach Rom geschickt, wo das Essen nicht so wichtig ist.

Anstelle einer weiteren Buddha-Figur für die Dachterrasse kaufte man Arjen Robben. Nicht ganz so teuer wie Mario Gomez, aber nach Meinung von Fachleuten einen Tick erfolgreicher. Man gewann gegen Florenz, und innerhalb von zwei Minuten wurde van Gaal aus medialer Sicht vom sturen Bock zur konsequenten Autorität. Mit Ecken und Kanten. Genau das halt, was der deutsche Fußball braucht. Nachdem er kurz zuvor nach Meinung von Experten ganz viel kalifornische Philosophie und Analysen mexikanischer Assistenten brauchte. Plötzlich stimmte es auch menschlich wieder. Den häufig verletzten Franck Ribéry ließ man seine Blessuren ohne Druck auf den Champs-Élysées auskurieren. Es sind diese humanen Gesten, die Stars heute viel eher zu schätzen wissen als das große Geld. Stellt sich also schon an Pfingsten die Frage für den deutschen Fußballherbst: Wird van Gaal Bierhoff und Hansi Flick behalten?

Blatter Seppl als Bundespräsident?

Kann Sepp Blatter der nächste Bundespräsident werden? Immer mehr Fußballfans in Deutschland diskutieren diese Frage in Zeiten, in denen die Politik leider wieder mal ein Bild der Zerrissenheit abgibt.

Gleich drei Kandidaten sind es, mit denen das Volk in der verdammt kurzen Vorbereitungszeit bis zum 30. Juni konfrontiert wird. Sicher, auch Jogi Löw hat lange gezögert, bevor er sich auf Manuel Neuer festgelegt hat. Und die Chancen von Tim Wiese dürften in Afrika ähnlich groß sein wie die von »Luc« Jochimsen in Berlin. Andererseits: Warum sollte die Linke mit Lukrezia Jochimsen nicht eine eigene Kandidatin aufbieten? Schließlich hält auch Jogi an Miro Klose fest, dessen Erfolge ähnlich wie die von Lukrezia »Luc« Jochimsen eher in der älteren Vergangenheit liegen. Frau Jochimsen ist so alt wie der Blatter Sepp. Vierundsiebzig. Ein nahezu perfektes Alter, wenn man bedenkt, wie locker der Seppl die vielen Reisen wegsteckt. Allerdings hat er immer mal einen Scheck oder eine WM im Gepäck, was die Akklimatisierung erleichtert.

Deutlich jünger ist Joachim »die Würde« Gauck. Er ist topfit. Das liegt am Damenrad und daran, dass er auf dem Markt gleich zwei Schalen Erdbeeren auf einmal kauft (BamS berichtete). Gauck genießt vor allem im feuilletonistischen Milieu geradezu jesusmäßige Anbetung. Ein Atemzug von ihm ist derzeit an der Bedeutungsbörse so viel wert wie zwei Abschnitte aus einer Von-Weizsäcker-Rede.

Für junge Frauen in Großstädten ist der kantige Theologe eine Art Mensch gewordenes Oslo. Aus dem

Umfeld von Claudia Roth wird der Wunsch vernehmbar, Gauck solle sich während der ersten beiden Wahlgänge »Lena« nennen. Auch wegen dem Ausland.

Überhaupt die Wahlgänge. Geplant sind drei, auch wegen des bisher eher kühlen Sommers bei 30, 60 und 90 Grad. Danach – eine Idee von Bundestagspräsident Norbert Lammert – gibt's Elfmeterschießen. Christian, der Ehemann von Bettina Wulff, ist sich seiner Sache so sicher, dass er erst im dritten Wahlgang antreten will. Viele deuten das als Arroganz, aber schließlich ist der Von-der-Leyen-Entdecker auch im dritten Anlauf Ministerpräsident von Niedersachsen geworden. Kein schlechtes Omen für den ausgefuchsten Politprofi. Auf Wunsch von VW soll Christian Wulff bereits vor seiner Wahl vereidigt werden. Und zwar von Margot Käßmann, in einem Phaeton auf der Fahrt zum Flughafen: »Als Aufsichtsrat und Bundespräsident wird er rasch bei unseren Jungs in Afrika gebraucht«, heißt es aus der Spitze des Wolfsburger Konzerns.

Ob Horn oder Kap soll während des Fluges in der Privatmaschine eines Hannoveraner Finanzdienstleisters entschieden werden. Wir nehmen die Wahl an.

Preiswerte Fußballer

Profifußballer sind auf erschütternde Weise unterbezahlt. Spätestens nach dem grandiosen WM-Auftritt der deutschen Elf – unabhängig vom Ausscheiden im Halbfinale – liegt diese Tatsache auf der Hand. Weltklassesportler, die aufgrund ihrer Jugend mit zwei Millionen im Jahr abgespeist werden. Selbst Familienväter im reifen Alter von 25 Jahren kommen selten über vier Millionen. Erhöht mal ein Verein aus Angst vor der Konkurrenz freiwillig auf sechs, ist gleich von einem Spitzenverdiener die Rede. Geradezu lächerliche Beträge angesichts der Summen, die zwei andere Ikonen des modernen Deutschland kassieren: Fernsehmoderatoren und Investmentbanker. Ehrlich: Für vier Mio. im Jahr kriegt man im TV gerade mal einen mediokren Quizonkel für den Vorabend.

Bedenkt man die galaktischen Zuschauerzahlen, die bei einer WM erreicht werden, sollte hier der Kapitalismus zu seinem Recht kommen. Wie der Name schon sagt, geht es dabei um Kapital. Und zwar reichlich. Das Fünf- bis Zehnfache der heutigen Gehälter scheint angemessen. Auch im Hinblick auf die Euphorie, welche unsere Fußballer im ansonsten hoffnungslos vergreisenden »Schland« auslösen.

Allein das Gesicht der Kanzlerin zeigt: Wir brauchen deutlich öfter WM als Bundespräsidentenwahl. Dem überirdisch guten Führungsteam rund um Jogi Löw sollten neben Verträgen (auf Lebenszeit plus x) Gehälter offeriert werden, die Kontostand und Bankleitzahl ununterscheidbar machen.

Eine Umwandlung der Nationalelf in eine GmbH

(Geschäftsführer: Oliver Bierhoff) erscheint sinnvoll. Anteilseigner zu jeweils 30 Prozent Bierhoff, Löw und Flick. Sieben Prozent für Andy Köpke, zwei Prozent für Müller-Wohlfahrt und eins für den DFB. Dieser Deal ließe sich rasch über die Bühne bringen. Entwickelt sich doch derzeit bei Präsident Zwanziger eine Bewunderung für Trainer Löw, wie man sie sonst eher unter Schiedsrichtern vermutet.

Und was wird aus Michael Ballack? Der Weltstar scheint derzeit in der Nationalelf ähnlich dringend gebraucht zu werden wie Heide Simonis in der Bundespolitik. Doch das kann sich schnell wieder ändern (Spanien!). Denn bei Jogi zählt nur Leistung.

Vielleicht lassen sich Zukunft und Tradition ja vorbildlich verbinden: Ballack als Kapitän, und Lahm behält die Binde.

Ethik bei Mehdorn, Reli bei Zumwinkel

Das Ende des Bildungsnotstands: Jugend und Kultur

Hilfslehrer

Arme Annette Schavan! Für ihren lobenswerten Vorschlag, Top-Mitarbeiter von Unternehmen auch als Lehrer an Schulen zu schicken, ist sie schwer kritisiert worden. Als hätte sie Ralf Rangnick vor der Dopingprobe noch mal das Hemd gebügelt.

Dabei könnten gerade in sozialen Brennpunkten Spitzenkräfte aus der Wirtschaft wahre Begeisterungsstürme als Teilzeitpädagogen auslösen.

Heißeste Favoritin wäre derzeit sicher Maria-Elisabeth Schaeffler vom gleichnamigen Conti-Aufkäufer. Wer sie an der Seite der Gewerkschafter in den Nachrichten sah, der konnte nur staunen: Spielt hier Catherine Deneuve Benita Ferrero-Waldner? Im feschen schwarzen Kostüm mit einem roten Schal, der ob seiner Eleganz das ähnliche Teil von Franz Müntefering zum bloßen Halswickel degradiert! Das Bekenntnis zur Mitbestimmung verlas sie mit einer Grandezza, die man zuletzt bei der L'Oréal-Eigentümerin anlässlich ihres Bekenntnisses zum jüngeren Fotografen erlebte. Mathe oder Geschi bei der Schaeffler? Da platzt das Klassenzimmer aus allen Nähten. Auch Hartmut Mehdorn wäre mit seiner unerschrockenen Art geradezu ideal für Klassen, in denen vorwiegend männliche Migrationshintergründler die Atmo bestimmen. Mal sehen, wie lange sie sich trauen, in Ethik bei Mehdorn die MP3-Stöpsel in den Ohren zu lassen.

Reli bei Zumwinkel? Geradezu perfekt! Natürlich könnte der ehemalige Post-Chef nicht wöchentlich oder gar täglich aus seiner neuen Heimat Italien zum Unterricht anreisen. Aber ein Block zum Thema

Schuld, Gnade und Vergebung müsste sich einrichten lassen.

Auch in den Kollegien mit Hang zu Burn-out, Alkohol und innerer Kündigung wären die neuen Teilzeitkollegen sicherlich willkommen. Kein Lehrerparkplatz in Gefahr, denn der Chauffeur lässt den Neuen ja nur kurz aussteigen. Bleibt zu wünschen, dass die Idee von Frau Schavan noch nicht endgültig vom Tisch ist.

Denn in stürmischen Zeiten ist die Fachkompetenz unserer Führungskräfte eindeutig dem pädagogischen Standard von Lehrkörpern vorzuziehen, die nach gefühlten 20 Jahren im Mutterschutz mit Ende fuffzich noch mal reaktiviert werden.

Komasaufen

Der aktuelle Trend bei Deutschlands Jugend heißt Komasaufen. Bis der Arzt kommt. Wenn es gut geht. Also schlecht.

Die Krankenkassen haben jetzt in einer Studie den Schuldigen ausgemacht: die Werbung. Die meisten Testpersonen erkannten bereits auf Fotos, um welches Produkt es sich handelt. Ohne dass der Name genannt wurde. Positiv gesehen spricht das für unsere Werbung, die also viel besser zu sein scheint als ihr Image. Denn welchen anderen Sinn könnte Werbung haben, als einen Produktnamen auch in zugedröhnten Köpfen zu verankern? Des Weiteren sind die Jugendlichen in der Lage, detailliert zwischen Wodka, Bier und Fusel zu unterscheiden. Lügt also die PISA-Studie? Uns Gewohnheitstrinkern aus der Unterhaltungsindustrie will nicht so recht einleuchten, dass gerade Bierwerbung zum exzessiven Saufen verführen soll. Wird dort nicht eher der Regenwald gerettet? Preist nicht Franz Beckenbauer die Schönheit Deutschlands?

Der Pädagoge in uns lässt sanft die Eiswürfel ins Glas klirren, während er die Werbung fast frei von Schuld spricht. Die größte Verantwortung liegt natürlich bei den Eltern. Locken die Casting-Shows unsere Teenies nicht in eine Welt, in der kaum noch gesoffen wird, dafür umso mehr gekokst und eingeworfen? Mode. Popmusik. Säuft nicht in jedem Theater die Verwaltung mehr als das hart arbeitende künstlerische Personal? Ständig hat jemand Geburtstag, feiert Aus- oder Einstand oder kommt mit Maxi-Cosi, um den Nachwuchs zu zeigen. Auf einem deutschen Verwaltungsflur wird der Prosecco nicht warm. Und was bedeutet es, wenn Vati im Urlaub eine Tour durch Burgund oder entlang der Loire ausarbeitet? Pegelsaufen in Familienbegleitung, getarnt als kulturelle Mission.

Nein, wir Eltern müssen unseren Kindern den kontrollierten Umgang mit Alkohol vorleben. Ein gutes Glas Wein will niemand verbieten, aber nicht vor zehn Uhr morgens. Eine Flasche Riesling am Mittag nur, wenn Mutti fährt. Und abends an der Hotelbar wird nicht gepichelt bis zum Filmriss. Es handelt sich vielmehr um einen Absacker im Kollegenkreis, der die Solidarität in kalten Zeiten stärkt. Nächste Runde geht auf mich.

Hochbegabung

Gefühlte 90 Prozent aller Eltern halten ihr Kind für hochbegabt. Selbstverständlich nach Eigendiagnose.

Durchaus nachvollziehbar, denn gerade in Zeiten allgemeiner Unsicherheit entsteht der Wunsch, die eigenen Gene nachträglich aufzuwerten. Aber ist wirklich jeder unausstehliche Balg, der einen DVD-Player bedienen kann, ein neuer Einstein? Häufig wird stundenlanges Kippeln mit dem Stuhl oder Herumlaufen während des Unterrichts als Zeichen dafür gewertet, dass der künftige Mozart sich in der Gesamtschule langweilt. Alles unterhalb einer Neubewertung der Relativitätstheorie scheint ihn zu unterfordern.

Hilfreich kann eine Ermittlung des Intelligenzquotienten sein. Ab IQ 130 wäre es durchaus empfehlenswert, den kleinen Hysteriker bis zum Eintreffen des Schulpsychologen ins Zimmer zu sperren. Zum Vergleich: Zwei Drittel der Deutschen haben einen IQ zwischen 85 und 115, allerdings nur innerhalb geschlossener Ortschaften.

Auch wenn ein Kind die Anfangszeit sämtlicher Fernsehsendungen kennt (hohe Merkfähigkeit) oder beidhändig in das laufende Rührgerät greift (geringe Ängstlichkeit), sollte der Verdacht auf Hochbegabung noch mal fachmännisch überprüft werden. Als mögliche Anzeichen gelten des Weiteren hohe Anpassungsfähigkeit, ein besserer Gesundheitszustand sowie geringe emotionale Erregbarkeit. Hier allerdings wird die Unterscheidung vom gemeinen FDP-Wähler schwierig.

Chinesisch für Zweijährige, den Schachcomputer

zum Qualmen bringen und bis zu fünf Sportarten pro Nachmittag – all das ist mittlerweile Standardprogramm, wenn moderne Mütter ihre Spätgeborenen fit für den Kampf gegen barfüßige Inderkinder machen wollen. Wer allerdings kurz nach der Zeugung schon Anmeldeformulare für Harvard anfordert, könnte sich vielleicht vorher noch mal kurz auf www.dghk.de schlaumachen (Deutsche Gesellschaft für das hochbegabte Kind).

Globalisierung ist echt pipileicht

Toll! Unsere Jugend blickt zum überwältigenden Teil optimistisch in die Zukunft.

Dies erfahren wir – man hätte es sich denken können – aus der »Jugendstudie 2009« des Bankenverbands.

Kleiner Wermutstropfen: Mit einigen Grundbegriffen unserer Wirtschaftsordnung sind die Vierzehn- bis Vierundzwanzigjährigen nicht so ganz vertraut. Das lässt sich leicht ändern, denn wer sprachlich up to date ist, kann intensiver genießen, wenn ihn die Wirtschaftskrise persönlich erreicht. Da wäre zunächst einmal die gute alte soziale Marktwirtschaft. 45 Prozent verbinden damit immerhin etwas Positives.

Zu Recht. Soziale Marktwirtschaft bedeutet nämlich zum einen knüppelharte Marktwirtschaft. Deshalb steht zum Beispiel Quelle kurz vor der Pleite, weil nicht mehr genügend Leute die tollen Sachen von Quelle kaufen. Andererseits ist unsere Marktwirtschaft nicht eiskalt und menschenverachtend, sondern total sozial. Deshalb darf der schöne Quelle-Katalog weiter gedruckt werden. Beim Blättern darin fühlen sich alle an die gute alte Zeit erinnert, als Professor Ludwig Erhard die soziale Marktwirtschaft erfand. Hauptsächlich, weil er denselben Dialekt sprach wie die Eigentümerin von Quelle. So was wärmt das Herz und tröstet über dunkle Stunden unserer Wirtschaft hinweg.

Kommen wir zur Globalisierung. Auch mit diesem schönen Wort tun sich unsere Jugendlichen schwer. Dabei ist Globalisierung echt pipileicht. Geile Turnschuhe? Voll krasse MP3-Player? Ein mega Smartphone? Klar, will jeder haben! Natürlich muss das Zeug auch gebaut werden. In Deutschland wäre das natürlich scheißteuer. Krankengeld, Urlaubsgeld, Rente – voll der Hammer, was da alles gelöhnt werden muss. Zum Glück gibt es Länder wie China oder Thailand. Wegen des schönen Wetters gehen die Menschen dort immer barfuß und sind nie krank. Deshalb können sie für total wenig Geld arbeiten. Und deshalb sind die geilen Sachen bei uns viel billiger, als wenn man sie in Deutschland bauen würde. Kleiner Nachteil: Leute, die früher bei uns Telefone gebaut haben, sitzen jetzt bei Anne Will auf dem Hartz-IV-Sofa.

Cooler Spruch für Superschlaue: Die Produktion folgt den Märkten. Auch die Inflationsrate ist schnell erklärt. Pizza wird teurer, und 10-Euro-Scheine werden kleiner. Um sich eine Pizza Diavolo leisten zu können, müssen Jugendliche heute doppelt so viel Geldbeutel klauen wie beispielsweise vor dem Beitritt Bulgariens zur EU. Ähnlich verhält es sich mit Angebot und Nachfrage. Mercedes pflastert seine Verkaufsräume mit Autos (Angebot). Gekauft wird weniger (Nachfrage). Außer natürlich von den Schlauen, die etwa ihren ein Jahr alten 7er-BMW verschrotten ließen und dafür zweieinhalb Mille Abwrackprämie kassierten. Solche Ideen kurbeln die Wirtschaft an. Sollte die Nachfrage übrigens größer sein als das Angebot, nennt man das Ostzone. War aber früher.

Klassiktod

In 30 Jahren gibt es in unseren überfüllten Konzertsälen wieder richtig Platz. Diese erfreuliche Nachricht ist das Ergebnis einer Studie der Zeppelin-Universität in Friedrichshafen. Martin Tröndle, Kulturwissenschaftler, hat berechnet, dass bis dahin ein Drittel weniger Konzertbesucher als bisher den Weg in die Musentempel finden werden.

Woran liegt's? Natürlich die Überalterung. Nahezu alles, was derzeit so passiert, wird mit Überalterung begründet. Soziologisch wasserdicht formuliert, überaltert unsere Gesellschaft zuerst, bevor sie dann wegstirbt. Und wer erst mal weggestorben ist, geht auch viel seltener ins Konzert. Aber in den langen Jahren, in denen er sich aufs Wegsterben vorbereitet, ist der weißhaarige Abonnent kaum aus dem Konzertsaal rauszubringen. Im Gegenteil: Er würde uns was husten. Denn die Mehrheit der Musikfreunde geht ins Konzert, um kurz vor dem Adagio noch mal kräftig zu entschleimen. Da hilft es auch nichts, dass am Eingang Gratiskräuterbonbons verteilt werden. Die machen nur den Auswurf härter. Dass das Durchschnittsalter der Klassikfreunde bei kurz vor Jopi liegt, bestätigt ein Satz, den wir häufig von Bühnenkünstlern in der Pause hören: »Wenn du runterguckst, ist wieder nur Silbersee.«

Wie aber kriegt man junge Menschen in klassische Konzerte? Schwierig. Die Heranführung muss im Elternhaus (soweit vorhanden) erfolgen. Wer außer »Last Christmas« nie ein Weihnachtslied gesungen hat, dürfte sich mit mehreren Stunden Bach eher schwertun. Selbst eine Mozart-Sonate erfordert eine Konzentrationsfähigkeit von etwa 20 Minuten. Meistens sitzt dabei ein alter Mann alleine vor einem Flügel. Kaum Videoeffekte, wenig Nebel. So ist die Jugend nicht zu begeistern. Eher hilfreich ist ein geiler Geiger oder gleich Lang Lang. Oder ein Tastenluder, das zumindest auf dem CD-Cover leicht nuttig rüberkommt.

Wer zwar Dur nicht von Moll unterscheiden kann, sich bei Minusgraden aber gerne unter Decken kuschelt, für den könnten die zahlreichen Events auf Marktplätzen und in Fußballstadien den Zugang zu Schubert und Beethoven erleichtern. Zwölf Tenöre sind auch deutlich besser zu verstehen als einer. Zwar werden dort häufig nur einzelne Sätze bekannter Werke gespielt. Aber vielleicht ist das fürs große Publikum noch zu anspruchsvoll. Genügen nicht die paar Takte, die nun wirklich jeder kennt? Tschaikowskys Klavierkonzert, Kleine Nachtmusik, Fünfte Beethoven? Hummelflug als Zugabe!

Open-Air-Konzerte im zeitgemäßen Download-Format könnten junge Hörer geradezu süchtig machen. Mit verstaubten bürgerlichen Methoden wie Notenlesen oder gar Üben ist die Zukunft unseres Klassikbetriebs jedenfalls nicht zu sichern. Lernen wir von den Meistern: Auch Franz Schubert besaß kein eigenes Klavier.

Doofer Norden?

Schüler aus Bayern und Baden-Württemberg sind derart schlau, dass sie nur noch zur Entspannung in die Schule gehen. Dies belegt eine aktuelle Studie. Mal wieder. Ähnlich gut sieht es in Rheinland-Pfalz aus. Dies mag überraschen, aber man darf sich halt nicht vom Dialekt leiten lassen.

Ebenfalls auf Spitzenplätzen ist Sachsen zu finden. Ein Verdienst der ehemaligen Landesmutter Frau Biedenkopf, die nahezu jedem Schüler persönlich auf die Sprünge half. Noch heute dürfen kleine Sachsen Kurt Biedenkopf einfach anrufen, falls sie nicht wissen, ob das x mit in die Klammer muss oder so.

Leider gar nicht gut sieht es im Norden aus. Speziell in Bremen. Glaubt man der Studie, schauen die Schüler auch dort regelmäßig auf bedruckte Seiten. Hinterher wissen sie aber nicht, was bei Hänsel und Gretel wirklich geschah. Wem das zu abstrakt erscheint, der sollte mal auf Frauen achten, die im ICE einen Roman lesen. Oder schreibt Stephenie Meyer wirklich so kompliziert, dass man zwischen Kassel und Hamburg nicht umblättert?

Auch bei der Migration ist Hintergrund nicht gleich Hintergrund. Verglichen mit türkischen Schülern tun sich Kinder aus Polen oder der ehemaligen (oder zukünftigen) Sowjetunion erheblich leichter.

Hier weicht die Entwicklung ganz leicht von der unserer Nationalelf ab (Elfmeter: Poldi, gelb-rote Karte: Miro). Ansonsten ist der Fußball mit seinen Leistungsträgern aus München und Stuttgart der perfekte Spiegel der Umfrage. Gleichzeitig beweist er, wie beliebig solche Auswertungen sind. Denn: Wozu braucht ihr Lesen, liebe Bremer? Ihr habt Mesut Özil!

Der Zivi

Leider stieß sie damit auf Kritik, sogar in den eigenen Reihen. Wir, die wir in den 70er-Jahren des vorigen Jahrhunderts aus tiefer Überzeugung Zivildienst geleistet haben, unterstützen den Vorschlag der Frau Ministerin. 35 000 Freiwillige pro Jahr, selbstverständlich staatlich gefördert, für die Dauer von zwölf oder sechs, ausnahmsweise auch 23 Monaten. Das entspricht in etwa M, X und XL, was auch derjenige vom Jeanskauf kennt, der die Hauptschule ohne Abschluss verlassen hat. Zeit für demographischen Wandel.

Wer sagt denn, dass in diesen Zeiten nur junge Männer und Frauen Dienst am Nächsten leisten können? Wer jemals erlebt hat, wie 19-jährige Zivis beim Roten Kreuz mit Blaulicht und Martinshorn Leberkässemmeln holen fuhren, der wird den besonnenen Fahrer um die 70 zu schätzen wissen. Gut, den Oberschenkelhalsbruch aus dem 3. Stock müssen natürlich die Jungen über die enge Wendeltreppe nach unten schleppen. Aber es gibt reichlich verantwortungsvolle Büroarbeit, bei der man den Menschen nahe ist.

Zu meiner Zeit wurde das DRK-Büro noch mit einem alten Ölofen beheizt. Leicht in Gang zu bringen war der nicht. In der kalten Jahreszeit von September bis Mai war ich oft den ganzen Vormittag damit beschäftigt. Mein Vorgesetzter konnte mir nicht helfen. Er fuhr mehrmals wöchentlich in den Nachbarort, um preisgünstig Heftpflaster und andere Vorräte einzukaufen. Das brauchte seine Zeit.

Gerade für den Reifeprozess junger Männer ist der Zivildienst nicht hoch genug einzuschätzen. Angefangen von der Körperpflege, damit sich der Pferdeschwanz nicht im Katheter verheddert, bis hin zum Schmerz von Hinterbliebenen, dem man sich nicht entziehen kann. Wenn der Zivi im Pfarrbüro das Beerdigungsdatum mit der Uhrzeit verwechselt hat.

Es liegt in der Verantwortung des Einzelnen, der Zeit im Zivildienst einen Sinn zu geben. 500 Liederzettel, DIN A4, für Fronleichnam auf Kante falten – so wird der Sinn für Genauigkeit geschärft. Freiwilliger Zivildienst und hoch qualifizierte Berufsarmee – so ist unser Land gerüstet für die Zukunft. Auch hierfür sind Migranten unerlässlich. Was wäre beispielsweise die US-Armee ohne ihre Einwanderer aus Puerto Rico, Mexiko oder den Philippinen? Wohl der Kanzlerin, die einen Sarrazin hat!

Wanderpapst oder Sexualhormon?

Kompendium Medien & Kommunikation

Vor Gericht

Wie präsentiere ich mich vor Gericht? Diese Frage muss jeden Bürger (m/w) beschäftigen, denn es kann schneller gehen, als man denkt. In den letzten Tagen waren zwei Trends zu beobachten.

Helg Sgarbi und Josef Fritzl. Respektive Helg S. und Josef F., denn die Persönlichkeitsrechte müssen natürlich gewahrt bleiben. Wobei sowohl Sex-Erpresser als auch Inzestbestie zumindest noch den ersten Buchstaben des Familiennamens retten konnten. Missbrauchsopfern und Verschütteten bleibt meist nur noch der Vorname. Selbst in den Medien, die voller moralischer Empörung darüber berichten, dass die Medien in den Medien kein Tabu mehr kennen. Deshalb berichten die moralisch höher stehenden Medien in gekürzter Fassung. Aber wenigstens in Farbe. H. Sgarbi präsentierte sich in seinem Kurzprozess (neuer Megatrend!) derart fesch und charmant, dass man glauben konnte, es ginge nicht in den Knast, sondern in ein Schloss am Gardasee. Hat sich da nicht insgeheim so manche Geschädigte gewünscht, er hätte noch mal ihren Namen geflüstert?

Fast bürokratisch dagegen J. Fritzl. Den Kopf im Aktenordner – das hat man lange nicht gesehen. Studium der Anklageschrift bis zuletzt? Vertragsangebote von Talkshows? Oder Gegenlesen der ersten Fahnen? Wir wissen es nicht. Allerdings handelt es sich um eine durchaus wirkungsvolle Tarnaktion alter Schule. Hinter Blackberry oder Laptop wäre ein Verstecken nur schwer möglich. Die Gerichtssaison 2009 verlangt Kreativität beim Auftritt vor Justitia. Die mag zwar blind sein, aber Kapuzenpulli übern Kopf geht gerade noch bei jugendlichen Straftätern im Osten. Im Westen hat man sich was einfallen zu lassen.

Trotz aller Wut, Trauer, Verzweiflung und entsetzter Fassungslosigkeit in den Medien. Über die Medien.

Handy immer im Anschlag!

Reich werden? Mit den Stars auf Du und Du? Unvergessliche Momente blitzschnell verewigen? – Kein Problem. Im Zeitalter von YouTube, Blog und Twitter nutzen immer mehr Menschen die Chance, unabhängig von den traditionellen Medien in Sekundenschnelle Informationen um den Globus zu jagen. Allerdings sind viele Bundesbürger überfordert, wenn sie plötzlich unverhofft vor einem Promi stehen. Einige grundsätzliche Regeln können helfen, im Ernstfall nicht zu versagen.

Angenommen, Sie stehen plötzlich im Supermarkt vor dem Papst. Oder Joschka Fischer. Oder Gesine Schwan. Würden Sie die gleich erkennen? Gemeinerweise sehen die meisten Promis privat eher selten so aus wie im Fernsehen. Kleiner, dicker, größer, mit Glatze oder einfach nur schlecht gelaunt.

Pierre Brice zum Beispiel geht häufig ohne Winnetou-Perücke und Silberbüchse einkaufen. Während Sie noch überlegen, issers oder issers nicht, gewinnt der Promi Zeit und ist weg.

Deshalb: Handy immer im Anschlag und sofort abdrücken. Akku nicht vergessen! Und vielleicht schon zu Hause mal zeigen lassen, wie rum man es hält. Viele Handy-Reporter verlieren auch die Nerven in der Zeit zwischen Abdrücken und Erscheinen des Bildes. Rufe wie »Mach schon« oder »Wie lang dauertn das?« haben keinen Einfluss auf die Arbeitsgeschwindigkeit Ihres Handys. Folgende Wünsche werden von kaum einem Promi erfüllt: Warten, bis das Handy unten aus der Einkaufstasche/dem Rucksack rausgekramt ist. Mitkommen zum Auto, wo man das Handy leider vergessen hat. Sich auf den Lüftungsschacht knien, damit die stumpenhafte Tochter mit aufs Bild passt. Einen kultigen Spruch an die Frau durchgeben, die es einem sonst nicht glaubt.

Dagegen ist fast jeder bereit, gemeinsam mit dem Knipser aufs Bild zu kommen, vorausgesetzt, die Aufnahme wird während des Gehens gemacht. Der Handy-Reporter hält dabei seinen ausgestreckten rechten Arm zwischen sich und den Promi und versucht, seinen Kopf nahe an das berühmte Haupt zu bringen. Das Gehtempo bleibt unverändert hoch. Risikofaktoren für den Reporter sind Rolltreppen, Papierkörbe, Treppenabsätze, schlafende Junkies und Bahnsteigkante. No risk, no Foto.

Martha's Vineyard

Die Obamas sind da! Fröhliches Kinderlachen schallt über die Insel Martha's Vineyard im Atlantik vor Boston.

Präsidentengattin Michelle ist mit den Töchtern Sasha und Malia eingetroffen. Ferien auf dem Bauernhof. Toben im Heu, Wale füttern und Hummer streicheln – ganz normale Ferien sollen es werden für den Präsidenten und seine Familie. Wobei der Amtsinhaber nur für 14 Tage dazustoßen kann. Irak, Iran, Wahlen in Schleswig-Holstein – da ist manches Thema auf den Schreibtisch des US-Präsidenten geflattert, das seine ungeteilte Aufmerksamkeit erfordert.

Wie kann man sich Martha's Vineyard vorstellen? Im Grunde ist es eine Art Sylt für Amis. Aber mit richtigen Reichen. Während sich auf Sylt vorwiegend neureicher Medienmob in zwei bis drei einschlägigen Lokalen tummelt, liebt man es auf der amerikanischen Insel dezent. Die Häuser der schwerreichen Staranwälte und Hollywoodstars sind nicht zusehen. Verständlich, denn nicht wenige Grundstücke haben die Größe des gesamten Kreises Nordfriesland.

Auch die Obamas haben sich in so was eingekuschelt. Wie zu lesen war, haben sie sich auf der »Blue Heron Farm« ein kleines Urlaubsparadies angemietet. Wochenpreis zwischen 35000 bis 50000 Dollar. Das ist natürlich saftig, verglichen mit einer schnuckeligen 2-Zimmer-Dachmansarde im »Haus Wattläufer« auf Norderney (schon für 280 Euro, Münzen für die Dusche extra). Andererseits wohnen Pressetross, Zugehfrauen und die CIA mit auf dem Bauernhof (deutsch für: »farm«, d. Verf.) und übernehmen anteilig ihre Kosten.

Vor allem für den Geheimdienst dürfte es nicht billig werden, denn der Präsident muss rund um die Uhr darüber informiert werden, ob beispielsweise der schmutzige Krieg ums deutsche Regietheater (Codewort »Kehlmanngate«) den Einsatz von Bodentruppen erfordert. Oder ob man Salzburg einfach sich selbst überlässt nach den Erfahrungen in Afghanistan. Deutsche, die mit der Fähre rüberwollen (Flughafen ist so gut wie dicht!), sollten rechtzeitig buchen. Denn der US-Präsident reist mit jeder Menge Dienstwagen. Aus Sicherheitsgründen sitzt er dauernd in einem anderen.

Außer er geht mit Michelle mal lecker Lobster-Sandwiches essen. Barfuß, ganz casual, in einer windschiefen Bude in den Dünen. Nur die beiden und 400 Fotografen. Denn ihre Privatsphäre haben sich die Obamas immer bewahrt. Wir in Deutschland erleben derzeit den heißesten Wahlkampf seit Menschengedenken. Umso herzlicher wünschen wir den Obamas unvergessliche Augenblicke. Yes, you can! Enjoy!

Mein schönster Mauerfall

Hans-Dietrich Genscher ist dieser Tage wieder häufig im Fernsehen zu bewundern. 20 Jahre Prager Botschaft, 20 Jahre Erinnerung an die großartigste Balkonszene nach »Romeo und Julia«. Natürlich kann der berühmteste Außenminister der Welt die gesamte Erinnerung an Mauerfall und Ende der DDR nicht allein bewältigen. Deshalb schenken uns die Sender in diesen Tagen wieder verstärkt Spielfilme, um unser historisches Bewusstsein zu schärfen.

Haupteindruck nach Besichtigung etlicher neuer Werke sowie einiger Wiederholungen: Die Bürger der DDR trugen mehrheitlich Perücken. In der Jugend. Irgendwie scheinen sie geahnt zu haben, dass sie nach der Wiedervereinigung zwar mehr Reisefreiheit, dafür aber deutlich weniger Haare haben würden. Und da wollte man drehfertig sein. Vor allem Frauen scheinen den Checkpoint Charlie zwischen zwei Nervenzusammenbrüchen häufiger auch als Friseursalon genutzt zu haben.

Überhaupt die Frauen. Sie waren – Filme lügen nicht – die treibende Kraft beim Mauerfall. Voller patenter Mütterlichkeit und untrüglichem Gespür dafür, dass sich »da draußen was zusammanbraut«. Nur das Westfernsehen mussten sie schnell ausschalten, wenn der Mann nach Hause kam. Dem brummte nämlich vom vielen Rumspitzeln den ganzen Tag der Schädel. Gern glauben wir unseren Spielfilmen, dass Otto Normalspitzel die Abende mit Bier und Stullen vor der »Aktuellen Kamera« verbrachte. Irgendwie nicht unsympathisch. So normal. Und eigentlich ist es ja in

Gesamtdeutschland noch heute so, bloß ohne politisches Misstrauen.

Der Verfasser dieser Zeilen, der die Nachricht vom Mauerfall nahezu emotionslos an einem Düsseldorfer Küchentisch entgegennahm, kann sein Erstaunen darüber nicht verbergen, dass die DDR überhaupt so lange durchgehalten hat.

Denn verkürzt gesagt, war fast die ganze Bevölkerung mit permanenter Fluchtplanung beschäftigt. Es wurde gebuddelt, gepaddelt und Heißluftballone aufgepumpt, was das Zeug hält. Zumindest kommt es in den Filmen so rüber. Bei all der heimlichen Materialbeschaffung fragt man sich, wer überhaupt noch Zeit hatte für das Leben der anderen.

Rückblickend lässt sich sagen, dass die DDR staatsmäßig am Ende war und filmisch ein Gewinn. Nur das Dritte Reich war thematisch noch einen Tick ergiebiger. Wenn man bedenkt, welche preisgekrönten Meisterwerke die Filmbranche diesen beiden Kapiteln unserer Geschichte verdankt, hat die Bundesrepublik bisher erschreckend wenig zu bieten. An Filmstoffen. Bis auf die RAF: Fehlanzeige. Auch hier nur gewaltig Hoffnung auf Schwarz-Gelb.

Handy-Ortung

Einen Schwerverbrecher (entflohen), ein Fahrrad und ein Handy – mehr braucht es nicht, um die Vorteile des modernen Zeitalters zu demonstrieren. Vorausgesetzt, das Handy ist eingeschaltet und die Nummer bekannt. Dann kann rasch ermittelt werden, wo sich der Nutzer gerade aufhält.

Dies ist vielen Handy-Besitzern nicht klar. Auch haben viele noch nicht bemerkt, dass sich im Ausland der Klingelton ändert und gerne mal eine betörende französische Stimme für die Mailbox meldet. So mancher Familienvater, der mit dem Geliebten einfach mal ein romantisches Wochenende in Paris verbringen wollte, geriet auf diese Weise im häuslichen Kreis in Erklärungsnot. Oder der vorweihnachtliche Drogenbummel durchs zauberhafte Lüttich, während einen die Angehörigen auf Arbeit im Rhein-Sieg-Kreis wähnten. Allerdings musste der Verfasser dieser Zeilen kürzlich erfahren, dass Handy-Ortung auch durch einfaches Hinsehen der Polizei erfolgen kann. An einer roten Ampel in Deutschlands Musterbeispiel für gelungene Integration (Köln-Mülheim) telefonierte ich im Auto mit dem Handy. Am Ohr. »Aber warum hast du denn keine Freisprechanlage?«, höre ich jetzt viele besorgt fragen. Ja weil ich doch im Auto gar nicht telefonieren will! Wegen angeblich Krebs am Kopf und so. Viele angebliche Nichtraucher schnorren ja auch deshalb ständig keine Zigaretten, weil sie sich wegen Nichtrauchens keine eigenen mehr kaufen.

Als ich um die Ecke bog, sah ich hinter mir einen Polizeiwagen mit der festlich blinkenden Anzeige

POLIZEI! STOP! Ich hatte Führer- und Fahrzeugschein nicht nur dabei, sondern wusste auch noch, wo sie lagen. Der freundliche Polizeibeamte saß mit Kollegin »für Sie nicht sichtbar« hinter einem Lkw auf der Parallelspur. Ach so, auch stehend an der Ampel ist verboten. Mmh. Wenn, dann rechts ranfahren. Gut, weiß Bescheid. Vierzig Euro und ein Punkt in Flensburg, da kann man eigentlich nicht meckern. Und für die Zukunft weiß man's. Kein hektisches »Scheiße, ich ruf gleich wieder an, hinter mir is Polizei« mehr, kein Werfen des Handys in den Fußraum des Beifahrers. Freisprechanlage oder Schweigen. Am nächsten Tag wurde es übrigens deutlich billiger. Kelle raus, Polizei. Guten Morgen, da war grade ein Stoppschild. – Ja, ich weiß. – Sie haben das Fahrzeug nicht bis zum vollständigen Stillstand der Räder zum Stehen gebracht. – Ehrlich? – Ja. Verwarnungsgeld von zehn Euro. Zahlmöglichkeit nur mit Karte. Moment, ich hole das Gerät. Kurze Überlegung, ob ich beim Eintippen die Geheimnummer verbergen soll. Aber ich vertraue unserer Polizei. Schönen Dank und gute Fahrt.

Google-Handy

In welche Tonne müssen wir ab Jahresanfang 2010 unsere Smartphones kloppen?

Denn versprochen ist, dass dann die Suchmaschine Google ein eigenes Handy auf den Markt bringt.

Als Knaller gilt das Betriebssystem Android. Was für viele irgendwie nach Wanderpapst oder Sexualhormon klingt, soll in Wirklichkeit das Nonplusultra des Bedienkomforts sein. Android kann alles. Rasend schnell. Und ganz umsonst. Fast. Denn ein bissl was will Google natürlich auch in Zukunft mitverdienen. Deshalb steht die mobile Internet-Nutzung mit Diensten aus dem Hause von Google im Mittelpunkt. Das klingt verlockend für alle, die jetzt schon jede Viertelstunde googeln. Und zwar hauptsächlich sich selbst. Wer bei Google News nicht vorkommt, ist praktisch nicht existent. Manchmal kann es fast schmerzhaft sein, über Mitbewerber lesen zu müssen, es handle sich um 1 von »1–3 Einträgen«.

Der gesunde Google-Puls liegt zwischen 600 und 800 Einträgen bei den News. Allgemein sollte es schon deutlich über einer Million liegen. Viele Menschen verbringen ihren Büroalltag überwiegend damit, zwischen »sortiert und Relevanz«, »Datum« und »doppelte Beiträge anzeigen« hin und her zu klicken. Der Name des neuen Wunderdings ist Nexus One. Das überrascht, erinnert er doch klanglich an eine japanische Luxuslimousine, die sich hierzulande leicht schwertut. Also bitte beim Kauf genau hinschauen.

Denn erwerben kann man das neue Handy direkt beim Hersteller. In einem der zahlreichen Google-

Supermärkte, beim Tank-Google-Laden um die Ecke. Oder der Google-Mann bringt's direkt nach Hause und stellt es auch gleich auf. Google auf dem Google-Handy ist ein gewaltiger Googlehupf für den modernen Informationsnutzer. Schon heute ist es praktisch wurscht, ob eine Information zuerst in der »Apotheken Umschau« oder der »New York Times« erscheint. Entscheidend ist, wie schnell sie bei Google auftaucht. Dies wird zunehmend ein Problem für traditionelle Tageszeitungen. Denn wozu noch die Presse füttern, wenn ich die Information direkt steuern kann? Als Faustregel gilt: Eine Nachricht, die nicht spätestens drei Stunden nach Verkündung weit oben bei Google erscheint, ist keine. Rattenscharf soll es aussehen, das neue Teil. Beine bis zum Hals, knackiger Hintern und ein Sixpack als Display. So ist es von Mitarbeitern des Konzerns in Blogs und bei Twitter zu lesen. Für diese Tests im eigenen Haus erhält jeder Mitarbeiter eine Dose Hundefutter extra zum Fest, wenn wir die News richtig verstanden haben. Esst ihr schon, oder simst ihr noch?

Affäre und SMS

Der arme Tiger Woods führt es allen schmerzlich vor Augen: Fremdgehen ist in Zeiten von SMS und E-Mail auch nicht mehr, was es mal war.

Früher sah es doch so aus: Der Mann kam gegen drei Uhr früh nach Hause. Wenn die Ehefrau schlaftrunken murmelte: »Wo kommsu jetzers her?«, antwortete er: »Ich war noch mit dem Hund draußen.« Das wirkte überzeugend, und manche Betrogene wurde erst nach Jahren stutzig. Weil die beste Freundin ihr sagte: Du, ihr habt doch gar keinen Hund. Oder dass man Heiligabend nach der Bescherung noch mal ins Büro musste. Unschön, aber irgendwie verständlich. Genauso wie die Wochenendseminare in Rom, Barcelona oder Prag. Natürlich hätte der Mann sich drüber gefreut, wenn die Gattin ihn begleitet hätte. Aber 18 Stunden Seminare pro Tag, dazu das runtergekommene Hotel weit außerhalb und die Kriminalität in diesen Städten – will man das dem Menschen, den man liebt, zumuten? Dann bis Montag, Schatz. Und da wird es bestimmt auch spät. In diesen untergegangenen Zeiten wurden Männer meistens Opfer ihres Geizes. Millionen anständiger Ehefrauen erlebten eisige Wochenenden, weil sie sich unerlaubt eine Cola aus der Minibar holten. Spinnst du? Weißt du, was die hier für Preise haben? Bei der Geliebten dagegen siegte die Libido über den Sparzwang. Piccolo und Zimmerservice rundeten selbst bei Kirchenchorausflügen die Sinnesfreuden ab. Aber wer kann schon aus seiner Haut? Kein Problem, wenn man die Sachen beim Auschecken vergaß. Das Hotel schickt die Rechnung gerne nach. Und da viele treue Gatten ihre

Frau nicht nur Mutti nennen, sondern auch »mein Finanzminister«, gab's ein böses Erwachen, wenn der Finanzminister die Kreditkartenabrechnung überprüfte. Noch größeren Erklärungsbedarf gab es, wenn Mutti Finanzminister in Mannheim Post an den Gatten aus München öffnete. Anfrage vom Finanzamt, wem der elfjährige Sohn steuerlich anzurechnen sei: dem Vater in Mannheim oder der Mutter in Schwabing. Da ist es gut, wenn man einen Freund mit Gästebett im Spitzboden hat. All das wirkt freilich romantisch, verglichen mit den Überwachungsmöglichkeiten, welche das moderne Zeitalter bietet. Konnte der naive Tiger Woods ahnen, dass zwölf (oder ein Vielfaches davon) Bardamen seine SMS aufbewahren? Wie verkommen sind Frauen, die schmalziges Gestöhne auf der Mailbox nicht löschen? Aber brechen wir nicht den Stab. Denn es sind nur wenige schwarze Schafe. Der große Rest ist sauber bis tief in die Festplatte.

»Wer möchte schon leben wie Michelle Obama?«

Alles über Gesundheit & Ernährung

Rotes Fleisch

Darauf erst mal ein schönes Tatar! Der übermäßige Genuss von rotem Fleisch (Schwein, Rind, Lamm und alles, was sonst noch schmeckt) macht nicht nur Krebs, sondern steigert das Risiko eines vorzeitigen Lebensendes auf das 1,3-Fache. Vor allem natürlich bei Männern.

Dieses sensationelle Ergebnis wurde jetzt an 500000 Amis rausgeforscht. Uns beeindruckt es allerdings wenig, denn welchen Spaß sollte ein längeres Leben machen, ohne Blut- und Leberwurst, Frikadellen, Filetsteak, Lammrücken und Leberkässemmel? Natürlich schmerzt die Vorstellung, schon nach dem Quiz mit Pilawa zu sterben, wo man es mit viel Fisch und frischem Gemüse noch bis zu den »Tagesthemen« desselben Abends hätte bringen können.

Andererseits haben wir oft genug schlechte Nachrichten gesehen, die überhaupt nur erträglich waren, weil wir in der linken Faust eine fette Krakauer mit mittelscharfem Senf und rechts eine schöne Scheibe frisches Bauernbrot hielten. Auf gegrillte Schweinswürstel verzichten, bloß um im Heim drei Wochen länger »Memory« mit zwei Bildern spielen zu können? Mal ehrlich: Wer möchte schon leben wie Michelle Obama?

Die hyperaktive Präsidentengattin geht einem schon vor Ablauf der ersten 100 Tage gewaltig auf den Keks. Erst streckte sie uns an der Grenze zur Aufdringlichkeit ihre nackten Arme entgegen, dann löffelte sie uns einen aus der Suppenküche, und jetzt gräbt sie noch das halbe Weiße Haus um zum Gemüsebeet. Vorbei die glücklichen Zeiten, in denen George W. Bush den Amtssitz zur brokkolifreien Zone erklärte.

Gyros, Döner, Schnitzelbrötchen, Currywurst, T-Bone, Rib-Eye und Grillspieß mit scharfer Sauce – das alles will man uns jetzt madig machen. Stattdessen: Fisch und Pute. Ausgerechnet Pute, die durch medikamentöse Überfütterung häufig so schwere Brüste hat, dass sie beim Gehen vornüberkippt.

Gerade wollen wir die frische Petersilie aus dem Zeitungspapier wickeln (schmeckt klein gehackt super auf Schweinssülze), da lesen wir: Steigende Heilungsraten bei Krebs in Europa! Na bitte, geht doch!

Medizinische Spitzenforschung im Dienst des gebeutelten Menschen unserer Tage, der sich als zartes, fleischfressendes Pflänzchen ein wenig Hege und Pflege wünscht. Während wir in ein saftiges Kassler (kalt, mit Meerrettich) beißen, lesen wir im nebenstehenden Artikel: Grübeln führt zu Depressionen.

Grauenhafter gelber Kolben

Landwirtschaftsministerin Aigner hat den Anbau von genverändertem Mais verboten. Das ist gut so. Denn Nachfahren mit vier Ohren als Folge eines harmlosen Grillabends sind damit beinahe ausgeschlossen.

Die Grillsaison läuft langsam an, und der gegrillte Maiskolben gehörte bei gesundheitsbewussten Brutzlern zum festen Bestandteil auf dem Rost. Einerseits, um sich das schlechte Gewissen wegen der fetten Schweinesteaks wegzuknabbern. Andererseits verlieh der gelbe Kolben auch beengten Grillfesten auf dem Balkon ein gewisses Westernflair.

Wer schon verkohlte Krebswürstel mit Barbecuesoße genießbar macht, will nicht auch noch durch genverseuchten Mais bei späteren Generationen vier Ohren pro Kopf sehen müssen.

So schlimm hätte es auch nicht kommen müssen. Denn der verbotene Mais war Futtermais und landete als solcher in Tiertrögen. Theoretisch. Hauptsächlich. Aber wie schnell kann sich auch der gewissenhafteste Bauer mal irren oder durch Geldnot (Finanzkrise!) zu was gezwungen werden.

Irritierender für den Maisfreund ist der Name des Verbotenen: MON 810. Klingt das nicht nach coolem Handy? Nach superflachem Notebook? Oder gar nach edel gereifter Piemontkirsche in feinem Schokoladenüberzug?

Spätestens jetzt müssen wir vom Maiszünsler sprechen. Ein neues In-Lokal in Wien? Ich hab einen Tisch beim Maiszünsler bestellt? Oder ein Label für Crossover von Trachten und Hip-Hop, betrieben von einer

Kunststudentin und einem Koch in einem stillgelegten Münchner Abflussrohr? Nur 100 geladene Gäste bei der Präsentation der Herbstkollektion von Maiszünsler?

Alles falsch. Leider. Der Maiszünsler ist eine als Schmetterling getarnte Bestie, die dem Mais den Garaus machen will. Bis sie auf MON 810 trifft. Dort erwartet sie das Killergen, das der Raupe die Darmwand ruiniert. Dann hat sich's ausgezünselt.

Dumm nur: Auch der Marienkäfer fühlt sich angezogen und fällt nach der Begegnung mit MON 810 vom Blatt. Und zwar ins Wasser. Dort frisst ihn der Fisch. Und der Teufelskreis Nahrungsmittelkette ist nicht mehr aufzuhalten.

Vielleicht erfüllt uns Ministerin Aigner den Wunsch und verbietet Mais überhaupt. Vor allem den aus der Dose. Ist er doch seit Jahren ein sicheres Indiz für das Grauen in unseren Restaurantküchen. Natürlich könnte man bereits gewarnt sein, wenn irgendwo zwischen Lindau und Neumünster der Salatteller »Florida« angeboten wird. Aber erst das gelbe Grauen auf dem Teller lässt die Frage aufkommen: Welches Gen bei Köchen könnte hier vielleicht eine ethisch einwandfreie Manipulation vertragen?

Schlafen

Millionen Deutsche klagen über Schlafprobleme. Sogar nachts. Jetzt erreicht uns die Meldung, dass Männer, die während ihrer Träume um sich schlagen, einem erhöhten Risiko unterliegen, beispielsweise an Parkinson zu erkranken.

Dabei sind nur wenige Dinge zu beachten, und schon ist tiefer und ruhiger Schlaf nahezu garantiert. Zur Schlafhygiene gehört der sinnvolle Umgang mit Speis und Trank. Idealerweise wird die letzte Tagesmahlzeit gegen sechzehn Uhr eingenommen. Bestehend aus einer leichten Kräuterbrühe und einem halben Glas körperwarmen Kamillentee, genossen in kleinen Schlucken.

Ab achtzehn Uhr sollte mental mit der Einübung auf den Schlaf begonnen werden. Aufregungen wie Familiengespräche oder zweistündiges Joggen sind zu meiden. Das Wegnicken während der »Tagesschau« muss mit dem gesamten täglichen Schlafpensum verrechnet werden. Wer erst wieder hochschreckt, wenn im »Tatort« der hochschwangeren Gattin des schwulen Elektrikers ins Bein geschossen wird, muss diesen Neunzigminüter von seinem nächtlichen Schlafkonto abziehen. Alkohol sollte eher gemieden werden. Natürlich kann ein Achtele Rotwein das Einschlafen fördern. Eine Flasche Wodka hingegen lässt das Gaumensegel erschlaffen und führt zu Schnarchattacken, dass der Rigips bröselt.

Generell ist Schnarchen einer der großen Schlafkiller. Nicht nur für die Gattin, auch falls diese bereits auf die andere Straßenseite gezogen sein sollte. Der Schnarcher selbst schnarcht sich einem früheren Ableben entgegen. Atemaussetzer bis zu dreißig Minuten scheinen immer häufiger zu werden. Das führt zu Sekundenschlaf am folgenden Tag, und nicht immer ist der Entgegenkommende auf der Gegenfahrbahn wacher.

Dass Frauen nachts heimlich das Fenster öffnen, um dem hüstelnden Gatten einen tödlichen Zug zu verpassen, ist aus zahlreichen Ganghofer-Verfilmungen überliefert. Besser ist es, tagsüber richtig zu lüften, nachts aber das Fenster geschlossen zu halten. Stichwort Feng-Shui.

Wer diese Regeln beachtet, schlägt nicht nur während des Traumes seltener auf die Partnerin ein. Er vermeidet auch wenig erholsamen Sekundenschlaf am Stauende.

Fehlende Hausärzte

Spätestens seit dem Tod von Michael Jackson muss die Rolle des Hausarztes einer breiten gesellschaftlichen Diskussion unterzogen werden.

Niemand kann folgende Erkenntnis leugnen: Was dem Superstar sein Leibarzt, ist für Ossi Normalverbraucher der gute alte Hausarzt. Doch halt, da fängt es ja schon an! »Gut?« Na klar! Niemand bezweifelt solches. »Alt?« Leider auch! Deshalb gehen demnächst – genauer: zeitnah – etwa 10000 Hausärzte in den Ruhestand.

Nachfolger sind – vor allem im Osten – nicht in Sicht. Zu viel Arbeit, zu schlechte Bezahlung, nächste Oper zu weit weg. Vor allem Letzteres mag überraschen, denn mit Kultur haben unsere Mediziner erfahrungsgemäß eher weniger zu tun. Die zwei Freikarten für den Theaterarzt stützen diese These. Der gemeine Weißkittel kommt abends fix und foxi aus der Praxis oder Klinik und macht erst mal ein Fläschchen auf, zum Runterkommen. Dazu wird schon mal stehend aus dem Kühlschrank gefuttert, denn tagsüber reicht's meistens nur für Heiße Hexe. Gehend auf dem Flur. Danach wird auf der Couch weggenickt, Motto: Die Oper spielt auch ohne mich. Hat die Landbevölkerung ohne Landarzt eine Überlebenschance?

Nun ist zwar auch über die Behandlungsmethode von Jackos Leibarzt durchaus Widersprüchliches im Umlauf. Tatsache aber ist, dass sich Leibärzte und -wächter gerne mal auf prominente Brustkästen werfen, wo simples Knopföffnen oder Krawattelockern wirkungsvoller gewesen wäre. Auch aus Deutschland sind derartige Fälle überliefert.

Kann also der abwesende Arzt lebensverlängernd wirken? Selbst wenn dem so wäre: Es darf nicht sein, dass man demnächst wegen beispielsweise schuppiger Stellen am Ellbogen von Potsdam zum Arzt nach Berlin fahren muss. Denn schon 2050 sind 90 Prozent der Brandenburger über fünfundsechzig (nur nebenbei: Knappe 100 Jahre später ist auch Bernie Madoff wieder draußen!). Und wer bitte braucht einen Arzt in der Nähe, wenn nicht wir Alten?

Gerade unter Berücksichtigung des demografischen Faktors sind zwei Ärzte pro Patient fast systemrelevante Pflicht. Denn wenn wir jetzt schon immer älter werden, trotz wöchentlicher Röntgenaufnahmen und beidseitiger Kniegelenksspülung bei leichter Wetterfühligkeit – wie alt werden wir dann erst, wenn der Doktor seine Finger von uns lässt?

Mögen die Fachleute diese Fragen zu unserem Wohle beantworten. Ein bisserl Ethik sei zum Schluss erlaubt: Was nutzt die schönste Patientenverfügung, wenn kein Arzt mehr da ist, der sie liest?

Epidemien

Sind die Deutschen bald ausgerottet? Neueste Informationen versprechen uns zwei Epidemien der XXL-Klasse: Schweinegrippe und Fettsucht!

Letztere von führenden Experten bereits als »Pandemie mit psychosozialen Wurzeln« eingestuft. Klingt kompliziert, bedeutet aber im Klartext, dass sich die Dicken in Sachen psycho und sozial schwertun. Klar, sonst würden sie ja nicht so reinschaufeln. Vor allem Spanier und Engländer sind in diesem Sommer geschockt, wenn sie auf ihren fetten Nachwuchs schauen. Auch dies keine Überraschung.

Jeder musste schon erleben, wie Mom und Dad ihren Kindern Eis und Pizza an den Hotelpool bringen. Spaniens Familien hingegen dürfen ohne die Oma gar nicht an den Strand. Und die stopft den kleinen Rauls und Penelopes für jedes abgelegte Kleidungsstück eine halbe Tafel Schokolade in den Mund. Aber wer sind wir, uns darüber zu erheben?

Die Wurzeln werden also – man hätte es ahnen können – bereits in der Kindheit gelegt. Wer fremde Kinder vom Geburtstag nach Hause bringt, bricht sich nicht selten die Fingernägel ab, wenn er die kleinen Moppelchen angurten will. Egal, ob Plakate oder Chatroom: Nichts wird unversucht gelassen, um der Bevölkerung das Abnehmen schmackhaft zu machen. Problem: An die Dicken kommt man nicht ran. Denn die sind rundum zufrieden (»Ein Röllecken hat mir meine Frau erlaubt!«) und denken gar nicht daran, zum Arzt zu gehen. Wer soll in Flip-Flops auch merken, dass er sich die Schuhe nicht mehr zubinden kann?

Zudem strotzen die meisten Dicken nur so vor Lebensfreude. Eis in der Hand und Hemd aus der Hose – ich tropfe, also bin ich. Fast jeder kennt im Bekanntenkreis einen Dicken, der es beim Tanzen nur so krachen lässt. Beweglich, dynamisch, mit durchweg harmonischen Bewegungen. Bei den meisten Idealgewichtlern will man dagegen gar nicht hinschauen, wenn sie mit ihren Skeletten klappern.

Dicksein macht also Spaß und ist für alle da, während Killer Nr. 2, die Schweinegrippe mit ihren H3N2 und H1N1, für den Laien eher nach Schiffe versenken klingt. Obwohl die Bundesregierung für ihr Volk tonnenweise Impfmaterial hortet, weiß keiner, ob der nächste vorbildliche Schneuzer in die Armbeuge nicht der letzte ist.

Auch die Moderatorin im Frühstücksfernsehen der BBC wollte vom zuständigen Regierungsmitglied fast hysterisch die genaue Zahl der bevorstehenden Toten wissen.

Wird in Europa mal ein Schweinegrippetoter gemeldet, stellt sich meist nach wenigen Tagen heraus, dass der zwar kurz vor seinem Ende noch hatschi! gemacht hat, ansonsten aber ganz klassisch am Herzinfarkt verschied. Lassen wir uns also nicht verunsichern: Trotz aller Horrorszenarien steigt die Lebenserwartung seit Jahrzehnten kontinuierlich an. Deshalb: Hatschi! und Mahlzeit!

Richtig niesen

Hatschi! Seit Beginn der Woche niese ich in die Armbeuge. Zur Vorbeugung. So, wie es von führenden Gesundheitsexperten empfohlen wird. Denn nicht nur die Schweinegrippe, zahlreiche Hatschi-Viren sehen in diesen nasskalten Tagen in unseren Schleimhäuten eine Art Robinson Club. Dabei ist es gar nicht so schwer, ihnen den Zutritt dorthin zu verwehren.

Regel Nummer 1: Nicht in die Hände niesen! Diese Umstellung fällt gar nicht so leicht, galt es doch bisher als Zeichen guter Kinderstube, den bakteriellen Sprühnebel in der eigenen Hand zu fangen. Aber danach? Der Nächste, dem man High five gibt, kriegt die volle Ladung ab. Ganz zu schweigen von dem Kind, das kurz nach dem Niesanfall mit der benetzten Hand ein Stück Schokolade in den Mund geschoben bekommt. Zur Belohnung.

Auch das gute alte Papiertaschentuch hat so gut wie ausgedient. Zum einen konnte es häufig nicht schnell genug aus der Tasche gefischt werden. Zum anderen war es vielleicht schon mehrfach benutzt und zerfiel unter dem Druck in tausend Fitzelchen. Appetitlich war das nicht. Und der Klassiker für den Mann von Welt, das korrekt gefaltete Stofftaschentuch? Mittlerweile doch eher ein Relikt aus den Zeiten, als es noch Volksparteien gab. Und wer es noch bei sich trägt, schnäuzt sich nicht rein. Sondern betupft eher die Mundwinkel, falls sich dort kleine Speichelhäufchen bilden. Aufgrund erregten Sprechens über unsere Manager, beispielsweise.

Nein, wer sozialverträglich niest, tut das in diesem

Herbst, indem er einen Arm rechtwinklig gebeugt vor die Nase reißt. Die stutzigen Blicke in der Umgebung werden dabei deutlich seltener. Ja, es hat sich rumgesprochen: Wer in die Beuge niest, ist in Sachen Prophylaxe auf der Höhe der Zeit. Allerdings soll nicht verschwiegen werden, dass nicht jedes Material den Auswurf gleichermaßen absorbiert. Auch wenn man es in Düsseldorf oder Kampen nicht gern liest: Cashmere lässt den Rotz kleben! Besser geeignet ist ein Gemisch aus 80 Prozent Wolle und 20 Prozent Seide. Hier sind kaum Spuren sichtbar. Auf reiner Baumwolle sind zunächst Flecken sichtbar, die aber im Laufe der Zeit trocknen. Bei reinem Leinen kann es zu Verkrustungen in den Knitterfalten kommen.

Nahezu perfekt geeignet sind moderne Kunstfasern. Hier hat der Auswurf fast keine Gelegenheit, sich festzusetzen.

Des Weiteren empfiehlt sich das Tragen von weißen Stoffhandschuhen in der Öffentlichkeit. Nach Berührungen mit dem infektiösen Volk wirft man sie einfach weg. Oder man bleibt der Reisebekanntschaft so lange zugewandt, bis sie für einen den Spülknopf in der Zugtoilette gedrückt hat. Wer dann noch intensiv die Hände wäscht, kommt locker erkältungsfrei durch den Winter.

Ernährungselite

Ich fress den ganzen Tag bloß Schrott! Immer mehr Kreative sehen sich zu diesem Geständnis gezwungen, denn die dicht getakteten Zeitpläne (deutsch: schedules) unserer Entscheider erlauben so gut wie nie die vierzig Kaubewegungen, welche uns Ernährungsexperten zum Einspeicheln pro Bissen empfehlen.

Man muss sich entscheiden: dreißig Minuten für eine bewusst geschlürfte Brennnesselsuppe in ansprechendem Ambiente oder eine nicht heiß gemachte Currywurst aus dem Automaten zwischen EG und 5. Stock im Lift, wobei gleichzeitig bis zu vier Projekte gegreenlighted werden. Wer Zeit zum Frühstücken hat, kann nicht wirklich zur ersten Liga des Informationszeitalters gehören.

To go or not to go – sage mir, wie du deinen Kaffee trinkst, und ich nenne dir deinen Platz im Leistungsranking. Links den Pappbecher, rechts das Croissant aus der Tüte, das elektronische Kommunikationsgeschwür am Ohr und den Laptop im fashionablen Rucksack – so durchqueren die schwarz Gekleideten unsere Flughäfen und Bahnhöfe. Fast obligatorisch auch die Mineralwasserflasche. Hier können leicht bis zu zehn Liter täglich zusammenkommen, inklusive diverser Cola zero und Apfelschorle (Kleingeld! Automat wechselt nicht!). Bei den fast identischen Mengen an Kaffee kann der Expertenblick für die Maschinen lebensrettend sein. In deutschen Kantinen erwischt man nicht selten statt korrekt aufgebrühtem Espresso flüssiges Sodbrennen. Gegen zehn, halb elf gilt es, erstmals den abfallenden Zuckerspiegel zu bekämpfen. Natürlich sind Hanuta, Snickers und Mars im 10-Minuten-Takt nicht ideal. Besser wäre Banane. Aber will man den ganzen Tag eine Staude mit sich rumschleppen? Während man kurz vor Beginn des Meetings noch einen Schoko-Donut in sich reinbröselt, rufen sich mittlerweile immer mehr Teilnehmer die Namen von fantastischen Magengels zu, als wären es Reisetipps fürs Wochenende.

Mittagessen? Eher was für Leute, die mit 23 schon an die Altersvorsorge denken. Entweder improvisiert (Jägerschnitzel, warm gemacht in der Mikrowelle neben dem Lagerraum für Kopierpapier und Druckerpatronen) oder gegen 17 Uhr in der Fußgängerzone, gehend aus der Pappbox vom Asiaten. Wichtig: Telefonat dabei nicht unterbrechen! (»Tschuldige, aber ich muss schnell was essen …«). Für Gesundheitsbewusste geht auch ein Quark- oder Käsebrot von »Brot und Butter« oder »pain quotidien« oder so für umgerechnet acht Mark.

Schlechtes Gewissen: Was hat man zu Schulzeiten nicht alles weggeschmissen, bloß weil keine Eszett-Schnitten drauf waren. Vorsatz für 2010: Gesünder essen.

Aber jetzt erst noch einen Wurstsalat im Bordbistro. Wer weiß, wann man wieder zum Essen kommt.

18 Arztbesuche

Die Deutschen sind Weltmeister. 18-mal gehen sie durchschnittlich pro Jahr zum Arzt. So viel wie keine andere Nation. Dabei sind wir gar nicht kränker als Franzosen oder Engländer. Wir gehen einfach gern zum Arzt.

Dies ist sicher auch ein Ergebnis der Vorsorgekampagnen, die uns nahezu stündlich mit neuen Warnzeichen versorgen. Egal ob Husten, Jucken oder so ein komisches Ziehen: Fast immer kann es mehr sein. In diesem Fall mehr Schlimmes.

Beispiel Rücken. Jeder, der Schmerzen im Kreuz oder in der Schulter hat, weiß mittlerweile, dass es sich um alles handeln kann. Außer Kreuz und Schulter. Fernmetastase oder Allergie, verschleppte Grippe oder einfach verhoben – wer anderes als der Arzt sollte die Diagnose stellen können? Und welcher Arzt?

Goldene Regel: niemals der, den man ursprünglich für zuständig gehalten hätte. Urologe, Zahnarzt oder Gastroenterologe – jeder ist bei Rückenleiden kompetenter als der Orthopäde. Wer's nicht glaubt, bitte im Bekanntenkreis rumhören. Auf Anhieb lassen sich drei finden, die jahrelang von Pontius zu Pilatus gerannt sind. Weshalb Pontius und Pilatus immer häufiger in einem Ärztehaus zu finden sind. Einfach um den Patienten die Rennerei zu ersparen.

Weitere goldene Regel: eine zweite Meinung einholen. Wem wurde nicht schon alles das Bein gerettet, einfach weil ein anderer Arzt noch mal aufs richtige Röntgenbild geschaut hat. Oder gar nicht erst geröntgt hat. Ob man an oder mit der Prostata stirbt, kann mancher

Achtzigjährige durch schlichtes Vermeiden der üblichen Untersuchung (Volksmund: Hafenrundfahrt) entscheiden. Für einen erhöhten PSA-Wert ist häufig ein zu harter Fahrradsattel verantwortlich.

Viele Arztgänger sind auch süchtig nach der sogenannten sprechenden Medizin. Im Klartext kaut einem der Doktor ein Ohr ab. Wo früher bedeutungsschweres Schweigen immer einen Rest Hoffnung ließ, wird heute auch das kleinste Detail ausführlich beschrieben. Von Lungendrainage bis Wurzelfüllung wird alles in einer Detailgenauigkeit erläutert, die den Wunsch nach schweigender Amputation aufkommen lässt. Humpeln, ohne zugequatscht zu werden, kann durchaus als Steigerung der Lebensqualität betrachtet werden. Und darum geht es bei jedem der 18 Arztbesuche.

Zahl noch steigerbar.

Falsche Schuhe

Das Deutsche Schuhinstitut informiert: 82 Prozent der Deutschen tragen die falschen Schuhe. Zu groß, zu klein – man weiß nicht, was schlimmer ist. Nachdem sich vor allem für Damenfüße der größte Sandalensommer seit Untergang des Römischen Reiches dem Ende entgegenneigt, kann diese Meldung keinen aufmerksamen Beobachter wirklich überraschen.

Ob auf Flughäfen, in Cafés oder in der Warteschlange am Tretbootverleih – für deutsche Füße kann es scheinbar kein Richtig im falschen Schuh geben. Beispiel Trekkingsandale. Spielt da die richtige Größe noch eine Rolle?

Hat man da der deutschen Nachkriegssandale inklusive grauer Socke nicht viel Unrecht getan? Wie sieht es hormonell bei Lebensgemeinschaften aus, die Trekkingsandalen, grauen Bürstenhaarschnitt und Brillen mit frechen roten Harry-Potter-Gestellen tragen? Alle beide, er und sie. Welcher Teufel verteilt dieses Schuhwerk gratis am Eingang zur Outdoor-Hölle?

Laut Deutschem Schuhinstitut kaufen mehr als die Hälfte der Deutschen die Schuhe zu groß. Weil sie zu schmal sind. Dies erscheint nur auf den ersten Blick widersinnig. Erstens wächst man rein (siehe Kommunionsanzug), und zweitens spiegelt es die uralte deutsche Sehnsucht von Landarbeiterfüßen nach Eintänzerschuhen.

Früher trug man bei der Wehrmacht Damenstrümpfe in Knobelbechern, gegen Blasen. Heute sehen Männerschuhe so bequem aus, als wäre der Herrenfuß zum Anpassen in flüssiges Gummi getreten und hätte es gleich anbehalten. Führt es vielleicht zur falschen Größe, wenn zwischen Kauf und Nagelpflege sechs Wochen liegen? Frauen haben es da leichter. Flip-Flops, Ballerinas, Uggs (die Dinger, die aussehen wie eine rasierte Autowaschanlage). Bei den restlichen 80 Paar ist die Größe egal. Die werden nur gekauft, aber nicht getragen. Sind Schuhe überhaupt noch zeitgemäß? In den Emerging Markets (früher: Schwellenländer) läuft die Mehrheit barfuß.

Der Landarzt

Heinz war blitzgescheit, konnte aber kein Blut sehen. Siegbert konnte Blut sehen, schwängerte aber zu früh eine Kollegin. Landärzte wurden beide nicht, ja nicht mal normale Mediziner. Was nun, Herr Rösler?

Medizinstudenten, die sich für eine spätere Tätigkeit als Landarzt verpflichten, könnten künftig bevorzugt einen Studienplatz erhalten. Dies plant Bundesgesundheitsminister Rösler (FDP). Damit würde der strenge Numerus clausus umgangen werden, der noch immer viele neue Sauerbruchs und Schweitzers verhindert. Denn das weiß jeder: Der geforderte Abi-Schnitt – derzeit 1,4 – hat nun wirklich gar nichts mit der Qualifikation für den Arztberuf zu tun. Auch in meinem Abi-Jahrgang (1976, 77 und fast auch noch 78) gab es ein supergescheites Mädchen. Wir wollen sie Heinz nennen, aus Gründen der Diskretion. Heinz hatte einen Abi-Schnitt irgendwo zwischen 0 und 1 und sah sich deshalb verpflichtet, Medizin zu studieren. Im 4. Semester an der Uni Tübingen der Schock: Heinz konnte kein Blut sehen! Sie brach das Medizinstudium ab, zog wieder zu den Eltern und half der Mutter bei den Einkäufen. Nicht der schlechteste Lebensplan.

Wieder andere, wie zum Beispiel Siegbert, waren geboren, um zu heilen, hatten aber leider 3,4 Abi-Schnitt. Er wollte die etwa 8 Jahre bis zur Zulassung durch die ZVS als Pfleger überbrücken. Nach wenigen Wochen schwängerte er eine Krankenschwester und hat seither viel Spaß beim Großeinkauf fürs Wochenende. Nur am Rande: Viele Krankenhauspatienten verdanken mutigen und entschlossenen Pflegern das Leben. Zwanzig

Jahre Erfahrung auf der Station – da dosiert man die Infusion schon mal aus dem Bauch heraus. Lehrbuch ist was für die schnöselige Assistenzärztin. Warum folgt unsere junge Medizinelite lieber dem Ruf nach Harvard oder in die Emirate, als sich in der Lausitz nachts rausklingeln zu lassen? Vielleicht liegt der Mangel an Landärzten nicht so sehr an den abgelegenen Gebieten. Vielleicht liegt er eher an den Hygienevorstellungen der Landbevölkerung. Immer noch wird die randvolle Literflasche bei der Urinabgabe auf den Tisch gewuchtet. Allzu oft glauben Patienten, vor einer Darmspiegelung auf den reinigenden Trunk verzichten zu können (»Der Doktor merkt's ja eh nicht«).

Besonders angenehm ist die dann fällige Räumung vor der Spiegelung nicht für Assistentin Silke. Selbst wenn man sich aus dem Kirchenchor kennt. Viele Patienten schätzen beim Landarzt die heimelige Atmosphäre: Der Kopfabdruck des Vorgängers im Kissen auf der Untersuchungsliege, das Zurufen von PSA-Werten durch weit geöffnete Türen, der Verzicht auf Gummihandschuhe während einer läppischen Blutabnahme – all das ist weit entfernt vom kalten Zynismus der Apparatemedizin in unseren Krankenhausfabriken.

Der Nächste, bitte!

Teure Gesundheit

Die Bundesregierung hat die Reform des Gesundheitswesens beschlossen. Künftig wird die Krankenkasse für 50 Millionen Versicherte und ihre Arbeitgeber teurer.

Das klingt positiv. Denn wer hätte gedacht, dass 50 Millionen Versicherte noch einen Arbeitgeber haben? Insgesamt wird der Beitrag 15,5 Prozent des Einkommens betragen. 8,2 Prozent zahlt der Versicherte, den Rest der Arbeitgeber. Hinzu kommen noch Zusatzbeiträge von zwei Prozent. Insgesamt soll kein Versicherter mehr als zehn Prozent seines Einkommens an Beiträgen zahlen müssen.

Die Opposition ist naturgemäß empört. Von Zweiklassenmedizin spricht die SPD. Das überrascht. Denn haben wir nicht längst eine gut funktionierende Dreiklassenmedizin? Kasse, privat und attraktive Frauen? Jeder hat doch schon erlebt, wie er trotz Spitzensteuersatz im Wartezimmer endlos in Architekturzeitschriften von 2006 blättern muss, während die knackige Brünette einfach durchgewinkt wird. Um das zu ändern, müsste Minister Rösler das Testosteron verbieten.

Gutverdiener können demnächst leichter in eine private Kasse wechseln. Einmal über die Einkommensgrenze reicht. Bisher musste das in drei Jahren hintereinander der Fall sein. Aber wer will in Zeiten von Zombiebanken noch drei Jahre im Voraus planen? Überhaupt muss eine private Versicherung kein Vorteil sein. Schon mal erlebt, wie man mit akutem Blinddarm kurz nach der Einlieferung über den Speiseplan für die kommende Woche abgefragt wird? Erbarmungslos steht der Pfleger am Fußende und kreuzt an: montags Lasagne, dienstags Rouladen, Nachtisch Joghurt oder Obst? Schreien oder stöhnen ist zwecklos, der Pfleger weiß, was dem Patienten zusteht.

Spannend klingt die Idee vom Chefdenker der Linkspartei, Klaus Ernst. Er will zu Straßenprotesten aufrufen. Klingt irgendwie nach Stuttgart. Haben wir noch genügend Bevölkerung für all die Bürgerproteste? Schon jetzt ist für die Ordnungshüter kaum noch zu unterscheiden, warum einer auf der Schiene liegt. Wo soll sich der Gesundheitsprotestler anketten? Ministerium, Notaufnahme oder an den Aschenbechern am Klinikeingang?

Vor allem: Welcher Schauspieler könnte beim Bürgerprotest »Gesundheit 21« die Rolle von Walter Sittler übernehmen? Peter Sodann hätte ein Comeback verdient. Gauck ist ja leider kein Schauspieler. Diese Reform dürfte der SPD in die Hände spielen. Denn Parteichef Gabriel möchte schon lange dorthin gehen, wo es brodelt und stinkt. Das könnten schon bald die Küchen sein, in denen sich Adipöse, Raucher, Trinker, fettleibige Kinder, Bewegungsfaule und all die anderen Opfer des Systems ihre Medizin selber brauen.

Für den Rest gilt der Magenbitter: Bitte bleiben Sie gesund!